学年主任の人間関係術

全員が輝く
年団のつくり方

佐野陽平

明治図書

はじめに

「学年主任の仕事に関する本を書いていただきたい。学年団を中心に、人間関係にスポットを当てたものでお願いします」が依頼された内容でした。「書いてみようか」と執筆することを決め、まず、これまでの自分や学年団をふりかえってみました。すると、初任校の先輩が言っていた言葉を真っ先に思い出しました。

「学級がしんどくなっても、信頼できる学年団なら、頑張れる。でも、学年団がしんどかったら、そもそも仕事が嫌になるで」

時は流れて、そこそこの経験年数を重ねてきましたが、今でも「本当にその通りだな」と心の底から思います。実際、お互いに足を引っ張り合う、罵り合うといった人間関係がうまくいかない学年団を見たことがあります…。その一方で、お互いに協力し合える、高め合える学年団もたくさん見てきました。幸いにも、若い頃の私は後者の学年団を多く経

験してきました。どのような学年主任のもとで働いていたかというと…、

・前例よりも何よりも、子どものためかを問い続ける学年主任
・学校以外の世界を見るように教えてくださった学年主任
・プライベートの充実がよりよい働き方を生み出すといつも定時退勤だった学年主任
・「授業で子どもを鍛えろ」とたくさんの授業を見せてくださった学年主任
・授業も、生活指導も、保護者対応も…何でも共に考えてくださった学年主任

これらは一例を紹介しています。スペースの都合上、紹介できなかった方も含めて、どなたも素敵な学年主任でした。そして、素敵な学年団でした。今にして思えば、自分の特徴を発揮するとともに、**当時の学年主任が人間関係を考慮しながら、学年の運営をしてくれていたのだと思います。**

はじめまして。私は、現在、大阪市で教員をしております佐野陽平と申します。少しだけ私の話をさせていただくと、これまで2年生以外の担任経験があります（2年生も、いつか担任してみたいなぁ）。「子どもが力をつけていれば、方法なんて何でもいい。良い加減ないい加減で頑張っていこう」をモットーに働いてきました。このモットーから、何と

なく私のキャラクターを想像していただければと思います（笑）。

さて、この本に関心をもたれた方は、初めて学年主任になられた方や学年主任を経験された方、あるいは、「そろそろ学年主任になるんじゃないかな？」と思われている方ではないかと思います。さらには、学年主任という立場に、何かしらの不安や悩みを抱えておられる方かもしれません。例えば、

・そもそも若手やベテランの先生と、どう関わればいいの…。
・頼りにされても困るな…。
・他の学級のフォローもしなきゃ…。
・若手の先生にいろいろと教えないと…。
・私よりもふさわしいベテランの先生がいるのに…。
・管理職や保護者とも、うまくやらないと…。

などでしょうか？とてもよくわかります。きっとあなたは責任感のある学年主任なのでしょう。同時に、あなたの責任感が大きいほど不安や悩みは大きいのかもしれません。

そこで**本書は、人間関係づくりを中心に、学年主任としてどのように働くかを述べて**

いきます。第1章では、学年主任にとって大切なことについて、第2章では、学年主任に必要なマインドセットについて書いています。何を大切にしていくか、あるいは、どのように考えると心にゆとりがもてるか、のヒントになればと思います。第3章では、実際にどのような仕組みを学年団に築いていくとよいのかをまとめています。最後の第4章では、よくある学年主任の悩みに対して、Q＆Aの形式で書いています。第3章以降は、具体的な場面を思い描きやすいようにまとめていますので、各校や各学年団の実態に応じて参考にしていただければと思います。

このような本書が、素敵な学年団をつくり、子どもたちへのよりよい指導への一助となれば幸いです。手に取っていただき、誠にありがとうございます。

２０２３年12月

佐野　陽平

第2章

学年主任に必要な10のマインドセット

第3章

学年をチームに変える13の仕組み

第4章 学年主任の人間関係構築術

対若手、ベテラン共通編

第1章

学年主任の仕事で最も大切なこととは？

01

子どもの成長を願う学年団チームに

それは、子どもの成長を考えているのか

学校の先生の仕事は、子どもの成長を支えることです。「どうすれば子どもたちは、よりよい経験ができるだろうか」という問いをもって、豊かな創造性をもとに人の育成をめざしていく仕事です。そのような仕事であるからこそ、先生たちは、「子どものために」という思いをエネルギーの源にして働いています。

しかし、先生たちが抱くその素晴らしい思いは、忙しさや思いもよらぬトラブル、職場の人間関係などによって、「これでいいよね？」「はい、おしまい！」というように、「こなしていく」仕事に変わっていってしまう場合があります。仕事が思いを超えてしまって

いる状態です。このような状態だと、教師という仕事は、ロボットでもできる仕事になってしまいます。私たちの仕事は、そうであってはならないはずです。

本書では、人間関係に焦点を当てながら学年主任の仕事について、私なりに書いていきますが、

「子どもたちに、どのような力を育みたいか」
「目の前の子どもたちにとって、必要なことは何か」

といった表現が多数出てきます。それは、私たちの仕事の目的から逸れないためです。これから紹介するものはすべて「子どもの成長を願って」という思いが前提となっているとご理解いただき、お読みいただければ幸いです。

学年を同じ目的に向かうチームに

では、学年主任の最も大切な仕事は何か？皆さんは、何だと思いますか？お手本となる授業をすること、毅然とした態度で子どもや学年団を指導できること、若い先生に1から

教えてあげること…。答えは、きっと学年主任の数だけあると思います。

私は、**目的の明確化**と考えます。

前述の通り、教育活動は、子どもたちの成長をめざして取り組まれるものです。その指導や支援に携わる先生は、何を目的にしているかを把握しておく必要があります。そうでなければ、活動を終えることが目的となってしまいます。それでは、計画段階や活動中に、目の前の子どもの実態に応じたアイデア、「こうした方がよいな」といった創造的な考えは生まれません。活動を通じて、どのような力を育てたいかが明確であれば、目の前の子どもの実態に応じた指導や支援ができるはずです。学年主任には、その目的を学年団で確認しておくこと、活動に入っても見失わないように先生方に声をかけていくことが求められます。

集団で同じ目的に向かっていくには、方向性がバラバラな集団では不可能です。だから、学年団をチームにするのです。決して「仲良く」ではありません。「仲良く」が重視されると、「嫌われたくない」といった気持ちが先行し、「学年団をうまく過ごすこと」が目的になってしまいます。すると、お互いを高め合ったり、指摘し合ったりせず、肝心なところでは譲り合うということが起こってしまいます。仲が良いことを悪いと言う気はないのですが、目的を勘違いしてしまってはいけません。

では、チームとは、どのようなものなのか…、一言でいえば、信頼ベースの同じ目的に向かっていく集団です。チームについては、私なりの考えを第2章に後述していますので、そちらを参考にしていただければと思います。

POINT

・子どもにどのような力をつけたいのかが、すべての基本
・学年団で同じ目的に向かっていく
・学年団は仲良くなるのではなく、信頼し合うチームに

02

学年団のメンバーの成長

メンバーがやりたいことは？

年度当初に、自分が何年生の担任かがわかります。ドキドキですね。もし、私が1年生の担任になったなら、「たくさんの絵本を読み聞かせしてみたいな」と思います。以前に経験のある学年の担任だったなら、「あそこで、こんなことをしてみたかったのに…」という悔しさを思い出すこともあります。あるいは、担当する学年に関わらず、「総合的な学習の時間に力を入れていきたいな」「子どもが本音で語り合えるような学級会をしていきたいな」と、力を注ぎたい実践があるのではないでしょうか。個人で、研究されている分野がある方もいるでしょうし、「生活指導で、児童会を盛り上げていきたい」といった校務分掌の面で頑張りたいと感じる方もいるでしょう。…というように、担当の発表後、先生たちは、発表に対するドキドキから、「今年度は、何ができるかな？」という期待へのドキドキに変わっていきます。

学年の先生たちのこれらの思いを学年主任は、大切にしましょう。挑戦する機会があれば、先生たちは主体的に取り組んでいくはずです。「忙しくなる…」と感じるかもしれません。しかし、実際は、**主体性をもって取り組むことで、その先生の働きがいとなり、学年や学校によりよい影響を与えてくれる場合がほとんど**です。自身の経験から「こんなことになるから止めておこう」と言いたくなります。ただ、そこは堪えて、「こんなことになるかもしれないから気を付けてね」と、支えていくスタンスであることを示しましょう。

突然ですが、自己決定理論というものをご存知でしょうか？前述の内容は、この理論にもとづいた考え方です。人間には、自分の行動を自分で決めたい欲求、人と関わっていたい欲求、自分の力を認めてもらいたい欲求があるとされています。それらの欲求が満たされた時、人は、意欲的な行動を始め、高い成果が得られ、行動も継続されやすくなるという理論です。例えば、次のようなコミュニケーションです。

学年主任「何かやってみたいことある?」
A先生「実は、生涯スポーツに関連付けた実践をしてみたくて」
学年主任「おもしろそう!学年でやってみようよ。どんなこと考えているの?」
A先生「ボッチャのような全員が競い合えるような競技はおもしろいかなー、なんて」
学年主任「いいやん、いいやん!」

若い先生の場合は、やりたいことが見つかっていないかもしれません。その場合は、問いかけてみましょう。「やりたいことは、何?」「何か気になるものは、見つかった?」とストレートに聞いてもいいです。「いろいろ見てみるといいよ」「この前、こんな公開授業を見てきて、勉強になったんだ」と様々な分野の話をしてみることも効果的です。場合によっては、研究会等へ一緒に行くことも非常にプラスです。相手にきっかけを与えるイメージですが、このようなことは、相手に関心がなければできません。つまり、「あなたの力になりたい」という応援メッセージを送ることにも繋がります。

自分もやりたいことを

学年のメンバーには、自分自身も含まれます。自身のやってみたいことも声に出していきましょう。遠慮する必要はありません。お互いが自分の挑戦したい実践を伝え合っていくことで、教育観が見えてきます。すると、自身の実践がアップデートされたり、他のメンバーの実践から新しい発見をしたりできます。

1年を終えた時、学年団のメンバーが「成長した」と漠然に感じるのではなく、「あの時のAの実践を通じて、Bが成長した」と感じられるようにしたいですね！

POINT

・メンバーのやりたいことを肯定的に捉える
・メンバーが自身のやってみたいことを見つけられるように後押しする
・それぞれのやりたいことを通じて教育観を磨き合い、お互いの成長に繋げる

03

学年主任は職員室の人間関係の中心

人は雰囲気に合わせる

学級経営にも言えることですが、人はルールに合わせる以上に、その場の雰囲気に合わせていく傾向があります。そのため、職場が前向きな雰囲気であればあるほど、個々のモチベーションが高く、成果をあげやすい組織になります。「自分の主張をしても大丈夫」「新しいことに挑戦しても大丈夫」といった心理的安全性が確保されているからです。人間関係の面でも、高め合う関係性が築かれていきます。しかし、逆の場合もあります。後ろ向きな雰囲気であればあるほど、個々のモチベーションも低くなります。同調傾向と呼ばれるものです。このような職場では、人間関係も希薄になっていきます。やっかいなことに、愚痴を言い合うだけのような生産性のない人間関係が築かれてしまう場合があります。一度、深呼吸して、職員室に漂う雰囲気を感じ取ってみてください。

ちょいふざけているくらいがちょうどよい

「仕事中に佐野さんほど、基本的にふざけている人は、見たことがないです」

最近、若手のA先生に笑いながら言われて、一番嬉しかったことです。今にして思えば、少し失礼ですね（笑）。しかし、私は、褒め言葉として捉えています。

「はじめは、遠い存在だと思っていました」

これは、私が現在の学校に転勤してきて間もない頃、若手のB先生から言われた言葉です。ショックでした（笑）。当時、附属小学校から転勤してきた私は、どこか近寄りがたい存在だと思っていたそうです。今では、すっかり打ち解けていますが（笑）。念のために言っておくと、附属の先生も公立学校の先生と何ら変わりません（笑）。

さて、何が言いたいかというと、**自分が明るく気さくであった方が人間関係はうまくいく**ということです。笑かしてくれる人といるのは楽しいですからね。「笑いをとりなさい」

ということではありません。たくさん笑うでもよいです。むしろ、こちらの方が大切です。よく笑ってくれる人も、周りの人の心を豊かにしてくれますからね。皆さんもお気づきだと思いますが、前述した前向きな職員室の雰囲気を築いていく第一歩は、お互いがよく笑うことです。

「簡単すぎ…。できる、できる！」と思う方も多いでしょう。素晴らしいことです。でも、結構、難しいんです。日々の業務に追われる中で、心にゆとりがないとできませんから…。学年主任ともなれば、会議や校務分掌も多いでしょうから…。それでも、**仕事を抱えている人ほど、ツンツンせずに、ハッタリでもよいので、ちょいふざけているくらい**が職員室の雰囲気をよくしていきます。良い加減のいいかげんでいきましょう！

「誰」が言うか

少し前に、何を言うかよりも誰が言うかといった本や雑誌が、流行しました。あれ、です！しかし、**職場のみんなにどれだけ耳を傾けてもらえる「誰」になれるかは、日々の積み重ね**です。この積み重ねがない場合、「なんかまた言ってはるわ～」と、他の方々の耳には入るけれども、耳と心を傾けてはもらえないです。

学年主任は、学年団のメンバーはもちろん、他の学年団、専科や支援の先生、管理職、職員の皆さんとコミュニケーションをとる機会が多いはずです。

・一生懸命に働く。熱意を姿勢と行動で示す。
・若手ともベテランとも繋がれるポジションをとり、親しみをもって話す、聞く。
・管理職と雑談をする。仕事面でも、日常的に自分の意見を伝える。
・職員の方々には、たくさんお願いをする、その倍のお礼を言う。

といったことを日々の中で積み重ねていき、あなたへの信頼を蓄えていきましょう。

POINT

・職員室の雰囲気を感じ取る
・自分自身は、明るく余裕のある雰囲気を出すことを心掛けて
・日々の積み重ねで、職場の方々から耳を傾けてもらえる人に

第2章

学年主任に必要な10のマインドセット

01

チームとは何か？

同じ目的に向かって個性を発揮して

チームといえば、スポーツですね。スポーツにおけるチームの目的は、勝利です。今回は、学年団をスポーツのサッカー日本代表に例えてみたいと思います。チームの中には、いろいろな選手がいます。技術が高い選手、スピードのある選手、フィジカルの強い選手…と様々です。ポジションも違いますね。ゴールキーパー、ディフェンダー、ミッドフィルダー、フォワード…実際には、もっと細かく分かれていますよね。切り札のような感じで、試合の終盤に出てくる選手もいます。選手によって個性が違うから、特徴を発揮できる場面が違うのです。

学年団も同じです。全体指導が得意な先生、算数指導が得意な先生、事務処理が得意な先生、生活指導が得意な先生、誰かのサポートが得意な先生、発想が豊かな先生…と、学年団の先生にも素敵な個性があるはずです。反対に、苦手な面についても同様です。そこで、学年主任は、学年団の先生が「子どもの成長」という同じ目的に向かって、お互いの個性が効果的に発揮できるようにしていくのです。

相手に任せてサポートを

サッカーでは、選手が自分の個性を発揮しようと思っても、なかなか一人ではできません。例えば、キャプテンが相手選手を全員かわして、ゴールを決める場面なんて滅多にありません。実際には、ドリブルが得意な選手のために、周りの選手は、その選手がドリブルできるようにスペースを空けるなどのサポートをして、ゴールに迫っているのです。

学年団でも個性を発揮するには、周りのサポートが欠かせません。もちろん、学年主任である自分だからこそ中心になる場面もあると思います。しかし、何でも自分が中心ではなく、時には先生方のサポートに回りましょう。サポートといっても、一から十まで教えてあげては、意味がありません。それでは、相手の先生の活躍の幅を狭めてしまいます。むしろ学年の先生に、「自分の経験では、こんなことがあったから、それだけは気を付けときや」「困っていることはない?」「手伝えることはないかな?」という具合の声掛けで、思い切って任せ、その先生が活躍できる幅をもたせるようなサポートをしましょう。

自分をさらし、お互いを知る

サッカー日本代表は、試合前に合宿をしてトレーニングに励んでいます。合宿中、選手たちは、トレーニングだけでなく、食事などのリフレッシュも共に過ごしています。お互いを深く知るために、コミュニケーションを多くとっているのです。選手としての特徴だけでなく、人間性を知ることもできます。人間性がわかってくると、より円滑なコミュニケーションがとれるという具合に、好循環が生まれるのです。このように、同じ目的に向かって、お互いの個性を発揮していくには、お互いを知ることが非常に重要です。

ところで、学年団に笑いはありますか?ふざけ合っていますか?仕事以外の話は、時間の無駄のように感じるかもしれません。でも、ずっと仕事の話では、息がつまりませんか?実は、経験年数といった様々な上下関係を超えていくには、雑談であったり、冗談を言い合ったりすることがコミュニケーションの鍵なのです。雑談や冗談が積み重なるような関係性になれば、自然と自分のことを話しているはずです。不思議なもので、人は、自分のことを話す人には、「私も似たような話があって…」「実は、私も…」というように、相手も自分のことを話してくれるようになります。

相手の人間性が見えてくるにつれて、**学年団がメンバーにとっての安心できる居場所になってきます**。学年団にあたたかい雰囲気が生まれてくれば、コミュニケーションが楽しくなってきます。前述の好循環ですね。

POINT

- 学年団を同じ目的に向かう個性豊かな集団に
- 学年主任は、中心になってばかりでなく、メンバーをサポートすることも大切に
- 学年団をメンバーが安心できる居場所に

02

そろえる？そろえない？

繰り返す二択思考

現場では、「学年は、チームなんだから、そろえた方がいい！」「個性が発揮できないから、そろえない方がいい！」といった話が、よく聞こえます。なんとなくですが、ずっと繰り返していませんか？その時々で、そろえるブームになっていたり、そろえないブームになっていたりしていることも多い気がします。皆さんも、思ったことがあるのではないでしょうか？

「どっちでもええやん…」

私が、このように考えるのは、**二択思考ではないから**です。日本？教育界？学校？は、二択にすることが好きです。一斉学習対個別学習、詰め込み対ゆとり、見通し対ふりかえり…などなどです。その時代のブームで「Aが正しい」「Bが正しい」といった話になりがちです。しかし、多くの場合が、「どちらも間違っていないのに…」というものを、対立構造にしている気がします。

少し話がそれたので、話を戻します。学年でそろえることにも、そろえないことにもメリットとデメリットの両面があります。学年主任の大切な仕事は、**それらの両面を踏まえて、取り組みが「子どもの成長にどう繋がるか」を学年団と一緒に考え、最終的に学年としてどうするかの決断をすること**です。

メリット・デメリット

では、学年でそろえること、そろえないことのメリット・デメリットを考えてみましょう。次の例は、あくまでも参考です。デメリットは、これらのメリットの逆を考えます。

地域や学校、子どもの実態、学年団の個性に応じて、自分なりにアップデートしてみてください。その上で、学年団のメンバーの意見を聞きましょう。そして、全員が学級目標をたてよう、たてないでおこう、宿題はそろえよう、担任に任せよう、掲示物は…と、決断しましょう。

■学年でそろえるメリット例

・子ども、保護者が他の学級と比較した場合に、不満に繋がることが少ない。
・次年度の学年が参考にしやすい。
・様々な進度がそろう。
・経験の浅い先生は、わからないことが減るので、安心する。
・一緒に準備できる、分担もできる、使いまわしもできる。

■学級に任せるメリット例

・教師が自分の個性を発揮しやすく、各学級の個性が出しやすい。
・子どもの意見を反映しやすい。
・各教師が、自分で考える機会が増える。
・相談する必要性が減り、準備や実践に、すばやく取り掛かることができる。

・授業や発表会、掲示物などで、教師の経験の差が見えにくい。

やはり、何のためか

決断の根っこは、取り組みが「何のためか」です。子どもの成長にどのように繋がるか学年団で明確になれば、「～だから、そろえてやっていこう」「～だから、各学級に任せよう」となってきます。そして、その理由である「～だから」の部分も、学年団に伝わるはずです。決断することは難しいです。「ん～、どうしようかな」と思う時は、何のために取り組むかに立ち戻りましょう。

POINT

- 学年でそろえる、そろえないに正解はない
- 学年でそろえた場合、そろえない場合のメリット・デメリットを把握しよう
- 悩む時は、何のためにするのかに立ち戻る

03

しなやかマインドセット

しなやかですか？

質問です。あなたは、目的までの道のりに困難があった場合、

A「やればできる！なんとかしよう」と思うタイプですか？

B「こんなの無理…」と思うタイプですか？

どちらのタイプでしたか？Aは、しなやかマインドセットと呼ばれ、Bは、硬直マインドセットと呼ばれる、心理学者のキャロル・S・ドゥエックが提唱する心のもち方です。

同じ能力であったとしても、何度も成果に結び付けられる人はしなやかマインドセットの持ち主です。2つの大きな違いは、**学び続けたいと考えているか（しなやか）、自分が周**

りに有能だと思われたいか（硬直）です。しなやかマインドセットでも、失敗はします。しかし、なぜその失敗が起こったのかを学び、次に繋げられる力があるので、成功を重ねていきます。一方、硬直マインドセットでは、過去の成功に囚われた一発屋になってしまったり、失敗の原因を究明することなく無意味な努力を重ねてしまったりします。

「あ～、自分は硬直マインドセットだから、ダメだ」

と思ってしまった方！それが、硬直マインドセットですよ！

「自分は、硬直マインドセットだったかもしれないけど、しなやかマインドセットを心掛けてみようかな」

と思った方！それが、しなやかマインドセットです。心掛けからでよいので始めてみてください。他者ではなく、自分に目を向けていくことができるはずです。

個人ではなく、学年団でも同じです。学び続けるチームにしたいものです。だからこそ、学年主任は、学年団が前向きに挑戦できるように、失敗があったとしても「次こそは！」と全員が感じられるように、チームの成長ぶりを見守っていく必要があります。そのためには、**周りからの目や見かけを最優先にする（硬直）のではなく、挑戦しながら学び続ける（しなやか）よさをメンバーに伝えていくこと**が重要です。

「難しい」の禁止

「ん～、難しいな」

私が嫌いな言葉です。学校の会議や授業検討会などで、よく出てきませんか？場面としては、何か解決すべき課題や問題について考えている際に、多い言葉です。アイデアが必要な場面ということです。「難しい」で片付いてしまう会議は、個人的には要注意だと思います。「難しいよね」は便利な言葉で、相手に共感的な印象を与えた上で、自分はこの件については手詰まり…というメッセージです。しかも、「今日はこのくらいで…」というメッセージも暗に伝えます。結局、会議をしたのに、何も進んでいない（授業検討会の場合は、授業者に丸投げ）ということが起こるのです。そのため、ビジネスの世界ではタブー視されることが多いそうです。

すぐに解決策は出てきません。それでも、「難しい」と何となく終わるようなことは避けましょう。何事も目的と原因をはっきりさせ、「何かないか？」と問い続けましょう。しなやかマインドセットですよ。

すぐに謝る

「謝ったらええやん（笑）」

私が大好きな言葉です。何事にも、失敗はつきものです。「人間だもの、みつを」です。人を傷つける、法を犯すといったことはあってはならないことです。ただ、大抵のことは、「お手数をおかけしました。申し訳ございません」で何とかなります。無責任に感じるかもしれません。しかし、完璧主義や事なかれ主義が先行し過ぎて、可能性を小さくすることは、あまりにももったいないです。こんなマインドも、時に必要です。

POINT

・硬直マインドセット→しなやかマインドセットに
・できるだけ「難しい」と言わないように
・大抵のことは、謝ったらいい

04

「優しい」学年主任とは？

「優しい」の履き違え

「優しい」という言葉は、微妙な表現です。

「佐野先生が学年主任なら、絶対に守ってくれるから優しい」と言われたいですね。私も言われたいです（笑）。一方で、

「佐野先生が学年主任なら、何でもやってくれるから優しい」となると、ニュアンスが変わったのではないでしょうか？私が言われたなら、「ん〜」って感じてしまいます。「優しい」って、意味が漠然としているんですよね。辞書で調べてみても10個くらいの意味があるようです。そのためなのか、「優しい」には、指摘しない

人、みんなのことまでやってくれる人のようなイメージがぼんやりとある気がします。それは、本当の「優しさ」なんでしょうか？

個人的には、**学年主任に求められる本当の「優しい」には、厳しさや頼もしさといった部分もある**と思います。道徳の授業みたいですね（笑）。厳しさとは、相手の成長を願って言いやすいことも言いにくいことも言葉や行動で伝えてくれること、頼もしさとは、学年団に関わることであれば一緒に責任を負ってくれることです。学年主任にこのマインドがないと、メンバーの成長を促したり、信頼をもとに支えたりはできません。メンバーから「あの人は…」と陰で言われてしまうなんてことにもなりかねません。

厳しさ

学年主任には厳しさも必要といっても、正直なところ、いつも厳しい人といるのはしんどいです。メンバーの立場になると「言っていることはわかるんだけど…」と、相談する気がなくなってきませんか？常にカウンターに怯える感じになってしまいます。何事にもちょうどよい程度があるもので、「時に」厳しいぐらいがちょうどよいのです。

では、どのくらいが？何も言わないのもよくありません。何でも指摘してしまうのもよくありません。ただ、ズバリという正解がないこともご理解いただけると思います。そこで、私の心掛けている基準を紹介します。

「ミスは責めない。目的が見えないか、ずれた時には指摘する。問いかける」です。ミスは、何とかなります。本人も、そのミスについて自覚する場面が必ずありますし、悔やむはずです。しかし、そもそも目的なく方法論だけで進んでいる時は、指摘します。無自覚な場合が多いからです。または、子どもに関わる取り組みについて、済ませることが目的になった時です。「もうこれでよくない？」という感じと言えば、伝わるでしょうか。この感じで、教師が楽をしようとした時、面倒になることを恐れた時、仕事がこなすに変わった時、本来の目的を見失ってしまうことがよくあります。

つまり、目的に対してどうなのかで指摘するようにしています。くれぐれも、学年主任である自分のやり方に合わないからというような基準にはしないようにしています。(「苦労しましょう」と言っているのではありません。詳しくは、後述のエッセンシャル思考を参考にしてください。今回は、あくまでも目的を見失いやすい場合の例です)

頼もしさ

「この人に褒められたい」という人がいませんか？そういう人になりたいものです。

さて、頼もしさって出せるの？無茶苦茶な…と思った人も大丈夫です。頼もしさは、誰にでも出てきます。挨拶や業務といった日々の当たり前のことを一生懸命に取り組んでいれば、にじみ出ているはずです。また、学年主任を任される年数になるころには、一定の授業力や指導力、壁を乗り越えてきた経験があります。そこに、自信をもつことです。

1年間、トラブルが全く起こらない学年なんてありません。トラブルがあっても、メンバーと一緒に、自信をもって向き合いましょう。その姿が頼もしさを感じさせるはずです。

POINT

- 相手の成長を願って、時には、厳しく
- これまでの経験を自信に、学年への責任感をもつ

05

学年メンバーを比較せず捉える

マインド次第で捉え方は変わる

Ａ：自分の学級は、自分で。

Ｂ：学年の全学級は、担任だけでなく学年団で。

学年主任は、自分の学級経営に加えて学年経営の中心になっていきます。Ａ・Ｂどちらのマインドかで、物事の捉え方や行動が大きく変わってきます。行動については、第３、４章で後述していきます。今回は、マインドによる捉え方の違いを書いていきます。

① **何か子ども同士のトラブルがあった。**

Ａ：「自分の学級の子どもやねんから、自分で何とかしてほしい」

B：「まずは、担任が窓口。でも、いつでも準備はできてるよ」

②　他の学級に何か思った時（例：授業の様子、ゴミが多い、掲示物が変わらないなど）

A：「まぁ、いっか。Cさんが何かするやろう」

B：「ちょっと聞いてみようかな。授業、見に行こー」

マインドの違いによって、責任の所在と初動のタイミングが変わっています。Aは、責任が担任だけになる捉え方となっていますし、初動が遅れています。しかし、しんどい学校現場では、Aのような**担任という肩書がもたらすマインドにおける学級間の壁**があります。ひょっとすると、子どもよりも大人の方が、この壁は高いかもしれません。実際、この壁が高い学年ほど、学級崩壊を起こしやすいです。各担任の個人の力量に頼り切った学級・学年経営になるからです。それに比べて、Bのようなマインドだと、学年はフォローし合うことが当たり前の学年団になっていきます。それは同時に、未然に防ぐ、何かあっても層をもって解決できる学年団になっているはずです。

このように、学年主任こそ学級担任という壁を越えて、学年団で取り組むというマインドが必要です。もっと言えば、学校で取り組むというマインドが必要ですね。

メンバーを何かと比べていないか 期待していないか

「なんでそんなことになるねん…」と、学年のメンバーに思ってしまうことがあります。恥ずかしながら、私もあります。その度に、反省です。

では、なぜこのように感じてしまうのか？多くの場合は、何かと比べてしまっている場合があります。「あの学年はうまくいっているのに」「前の学校では、こうだったのに」「もっと仕事を抱えている人はいるのに」というように、他の学年や学校、あるいは他の人と比べてしまうのです。そして、「自分なら、こうするのに」「あの年数なら、これぐらい…」というように、自分と比べている場合があります。きっと自分自身も忙しさなどで、心にゆとりがない状態です。

もしくは、「この人なら、これくらいできる」「あの人なら、こんなことをやってくれるだろう」と期待してしまっているのです。メンバーの力量を認めているからこそ思うことかもしれませんが、相手のためになっていません。かなり自分勝手ですね（笑）。信頼はしても、期待はしないように。

層をもって

重要な書類作成の点検作業では、ダブルチェックをすることがあります。一人よりも二人でチェックすることで、ミスを少なくする方法です。同様に、「一人よりも二人で、二人でよりも学年団で」というように層をもって取り組む視点をもちましょう。成果が変わる場合があります。何も事務作業だけではありません。子どもへの指導でも、A先生に加えてB先生も声をかける方が響く場合があります。保護者が相談に来た場合も担任のA先生だけでなく、学年主任にも話を聞いてもらった方が安心するということがあります。

POINT

・学級だけではなく、学年を意識しよう
・メンバーを何かと比べずに、その人を、その人の行動を見よう
・層をもって取り組んだ方がよい場合があることを知っておこう

06

前年度を参考にするなら「ゼロベース」から

前年度通りはゼロベース思考をしてから

あなたの職場では、年度はじめの春休みに、次のような話が聞こえてきませんか？

「社会見学は、どうしましょう。去年は、〇〇へ行ったみたいですよ」

「じゃあ、今年も〇〇にしよう。下見に行く日は…」

どうでしょうか？私は、自分の学年なら大きめの声で、「ちょっと、待ったー！」と言ってしまいます。皆さんなら、どのように感じますか？


社会見学の話だけではありませんが、安易に「前年度通りでいこう」は思考が停止していいます。前年度通りがダメではありません。様々なことを検討して、結果的に前年度通りになったのならよいと思います。しかし、先ほどの例はそうではありません。その施設に行くねらいは何なのか？他によい施設はないのか？引き継いだ児童の実態と合っているのか？といったことが考えられていません。社会見学へ行くことが目的となっています。

私がおすすめするのは、ゼロベース思考を挟むことです。ひとまず、前年度の活動などの前提をなしに考える段階を挟むのです。社会見学でなら、

「〇年生で社会見学に行くなら、どこがおもしろいかな？」

「教科書、見てみましょうか」

「A単元に絡ませるならこんなことができる施設がいいな」

「B単元で、あの施設でもいいんじゃないですか。きっとこんな力を伸ばせますよ」

といった話をしてから、前年度の活動を確認してみます。すると、行き先が前年度と同じになっても、

「去年は、どこに行っているのかな？」

「C施設に行ってますね。どうしてここなんでしょうね？」

「C施設なら、子どもたちがこんなことができるからじゃないかな？」

「あー、なるほどね。それはいいね。AもBも候補だけど、Cで調整していきたいな」

と、社会見学を通して、子どもに育みたい力を考えるようになります。

このように、ゼロベースで考える段階を挟むことで、前年度通りを見直した上での活動になっていきます。

アイデアを出し合うことで

何事もゼロベース段階を踏まずに前年度通りにしたり、学年主任が一方的に話したりして決めてしまうと、決定者と受け手という人間関係ができてきます。一方、ゼロベースで話す時は、どのようなアイデアでも出すことができます。ゼロベースですから（笑）。この全員が発言しやすい、何でも言えるという状況は、対話を促しやすく、人間関係の構築にも繋がってきます。冗談も言いやすいので、雰囲気もよくなります。さらに、ゼロベース段階では、学年団の全員が主体的に関わる状況ともいえます。自分たちが主体的に関わってきた取り組みには、思い入れも生まれてきます。「よりよいものにしたい」と、全員が前向きに取り組んでいくことにも繋がるのです。

軽くふりかえる気持ちを

「ふりかえりましょう」と子どもに伝えるのに、教師はあまりふりかえりをやらないですよね（笑）。1つの実践や行事の後は、「終わった」とするだけではもったいないです。そこは、学年主任がふりかえる場面をつくるように心掛けましょう。メンバーを改めて褒めたり、反省を促したりする必要はありません。お茶でも飲みながら、感想を伝え合うなどでよいです。「あれ、おもしろかったな」「あそこは、きつかったなー（笑）」と、ワイワイしながらすると、誰も嫌な思いはしませんし、次に繋がる気づきがあります。

POINT

- 前年度のことはゼロベース段階を踏んでから確認する
- ゼロベースでの対話は人間関係をよくする
- 実践の後には、ふりかえる場をつくろう

07

人生の主役は仕事？

仕事は人生の一部

学年主任って、大変ですよね？自分のことも、他のメンバーのこともってなってくる上に、経験年数などから重要な校務分掌も掛け持ちしているなんて方が、たくさんおられるのではないでしょうか？業務をやっても、やっても、とにかく時間が足りないと感じていませんでしょうか？

さて、突然ですが質問です。人生において、家族、健康、友達、仕事の内、どれが大切ですか？答えは、どれも大切です（笑）。例えば、お金や趣味など、この他にもあると思います。あくまでも仕事は、人生の一部なのです。たしかに、情熱を注ぎ、一生懸命に仕事に打ち込む姿は美しいです。けれども、自分や家族、友達を幸せにしていますか？体を酷使してはいませんか？好きなことなどに、お金をうまく使っていますか？仕事だけしかしていない、仕事のことが頭から離れないという方がいますが、**人生の主役は、仕事ではなく、自分です。**

人生の主役は、仕事ではなく、自分

このマインドがあると、心のどこかでゆとりが生まれるので、仕事でカリカリして周りを傷つける前にストップがかけられます。学年主任は特別な存在ではないですが、責任や心の負担は、学級担任だけであるよりも大きいです。何かがあった場合に、ストレスを抱えやすい立場ではあるのです。だからこそ、心にゆとりが必要なのです。

それでも、人間ですからカリカリしている時があるはずです。原因は、仕事を抱えこみ過ぎているからかもしれません。学校現場は、どうしても特定の方に仕事量が偏る傾向がありますからね（これは、いかがなものか…）。または、突発的なことが起こってうまくいっていないのかもしれません。そんな時、友達から「ちょっと週末にご飯でも行かない？」と連絡があれば、ふと我に返りませんか？スポーツジムで汗を流している時、「あれはまずかったな」と、ふと我に返りませんか？実は、仕事以外の大切なものがあなたの仕事のストレスを緩和しているのです。

職場以外の居場所をもとう

私は、職場の人間関係以外にも居場所がある方がよいと考えています。例えば、Aの世界でしんどくても、Bの世界があると癒されるのです。すると、Aの世界でも頑張れたり、人に優しくできたりします。心のバランスがとれるからです。その他にも、

・多様なインプットをすることができる。↓そのインプットを職場でアウトプットできる。
・仕事以外の話ができるので、職場の人と新たな一面でコミュニケーションをとることができる↓職場の人間関係をよりよいものにしていく。
・多くの人と出会える。↓授業に還元できる情報を知ったり、出会った方にゲストティーチャーとして協力してもらったりすることができる。
・物事に対する見方や考え方が広がる↓職場にはない見方や考え方ができる時がある。

といったプラス面があります。

学年団にも

前述のマインドを学年団にも広げていきましょう。個々のレベルアップやセルフコントロールの上昇になります。また、話題が増えるので、お互いの共通点に意外な面で気づくことがあります。そして、何よりもメンバーの人生の可能性を広げることに繋がります。ひょっとすると、あなたの何気ない話が「あの時のあれがきっかけで…」となるかもしれません。

POINT

- 「仕事は人生の一部」と心にゆとりをもとう
- 職場以外にも居場所をつくろう
- 学年団のメンバーにも伝えていこう

08

自分の時間を大切に

自分の時間を確保する

周りの先生に「ちょっと待ってね」と言えていますか？他の先生に作業の途中で声をかけられ、そのまま作業を忘れてしまうということが、私にはよくあります（笑）。そのため、「ちょっと待ってね」と声をかけて一段落してから、その先生のところへ行く場合がありますます。毎回というわけじゃないですよ。または、自分のことに集中できる時間をもてていますか。教材研究に、校務分掌、自分が挑戦したいことに、向き合えていますか？

心掛けたいのは、一人の時間をもつようにすることです。学年主任の先生は頼られる場面が多い分、自分の時間をもちにくいので、意図的に時間を設定していく必要があります。

そもそも周りに力を注ぎ過ぎて、自分の学級に力を注げなくなると本末転倒です。だからこそ、自分の仕事を落ち着いてできる時間が学年主任にも必要なのです。

時折、声をかけられると、自分のことは後回しにしてしまう方もいると思います（どちらかと言うと私もです）。悪いというわけではないのですが、自分が自分の時間をどんどん失いやすいタイプであることを自覚しておく必要があります。時間には限りがあり、誰にでも平等です。誰にでも自分に使う時間は必要ですので、大切に確保していきましょう。

エッセンシャル思考

自分の時間をもつように心掛けることで、自分の時間が生まれてきます。それでも、十分な時間があるとは言えません。そこで、エッセンシャル思考です。エッセンシャル思考とは「より少なく、しかしより良く」を追求する考え方です。決して、より多くのものを成し遂げようとするのではありません。自分の時間とエネルギーを最も効率よく配分して、最大の成果を出す、もしくは、正しいことをやり遂げるイメージです。

はじめにすることは、限られた時間の中で、何をするかを考えることです。やみくもに仕事をこなしても効果は上がりません。何をするかを見極めるのです。目的を定め、そのために重要なものにエネルギーを注げるように考えるのです。ここが一番のポイントかもしれません。逆に言えば、捨てることも重要だということです。捨てると言ってもやらないわけではなく、そこにエネルギーを注がないということです。例えば、教材研究で、ワークシートをつくることが目的になっている場合があります。「すごい、力作ができた！」と心の底から達成感を感じます。しかし、その力作を使っての授業がこけてしまった…というパターンです。ワークシートをつくる時間って、結構かかるんですよね。もちろん、ワークシートを使うことがダメなのではありません。目的を見誤っていることが問題なのです。そうではなく、授業のねらいに向けて、何が必要で、何が不必要かを考えるのです。

時間とエネルギーは無限ではありません。その2つをうまく使えるかを考えて行動していきましょう。だんだん取捨選択がうまくなってきたり、自分にリズムが生まれたりしてきますよ。

結果的に周りとうまく付き合える

自分にゆとりがあることで、周りに誠実に接することができます。また、ちょっと気の利いたことを言えます。「ここ大事ですよ！」と、ズバッと正論をぶつけることが正解とは限りません。人は感情で左右されますから、その点を無視してしまうと「そんなこと、わかっているのに！」なんてことになりかねません。自分へのゆとりを心掛けると、周りへの気遣いが変わってくるのです。

その上、周りもあなたに、「ちょっと待ってもらってもいいですか？」と言えるようになります。学年主任にこの言葉を言える関係だと、メンバー（特に若手の先生）は、気持ちの面で、かなり楽になります。それは、あなたに安心感を抱いている表れでもあります。

POINT

・自分の時間を大切にしよう
・エッセンシャル思考で、どこにエネルギーを注ぎ、どこを削るかを見極めよう
・自分の時間で自分にゆとりをもつことは、よい人間関係の構築に繋がる

09

助けてもらったらいい　巻き込んだらいい

「助けて」「手伝って」と言うべし

学年主任だから、自分がパーフェクトで学年を引っ張っていかなければなりません…は、意気込み過ぎです（笑）。あなたの周りには、頼りになる人がたくさんいます。どうすればよいか考えてもわからない時、アイデアが思いつかない時、「助けて！」と素直に言いましょう。人の手がほしい時、「手伝って！」と素直に言いましょう。たくさんの業務があるだけ、あなたが助けてほしい場面は、たくさんあるはずです。

一見、「助けてほしい」と伝えることは、自分の弱さを見せるような感じがするかもしれません。**でも、いいじゃないですか！弱さを見せていきましょう**。考える頭が、作業の手が増えます。時短にもなり、成果に繋がります。いいことばかりです。

時折、プライドが邪魔しているのか、「助けてほしい」と行動に移せない人がよくいます。自分一人で処理できるスペックがあるのかもしれません（そのスペックは、羨ましい…）。けれども、個人的には「めっちゃ、損してるなー」と思います。もっといろいろなことにエネルギーを注げたはずだからです。もっと自分の心と体を癒すことができたはずだからです。それだけでなく、一人で何でもできちゃう超人的な人は、尊敬されているものの、孤独になっていきやすい傾向があります。特別な存在って感じでしょうか？「あの人はすごいから…」という具合に。もったいないですよ！

素直に「助けて」と言う方は、相手に親近感を与えます。また、「次は、自分が手伝おう」という心理が働きます。つまり、助け合える関係が生まれてきます。お互いが助け合えるって、最高ではありませんか？

「ちょっと〜してくれませんか？」と言うべし

「ちょっと異学年交流しませんか？」

「校長先生、発表会をするので、見に来ていただけませんか？」というように、周りを巻き込んでいきましょう。学年という枠にこだわらず、どんどん巻き込む意識があれば、できることが一気に増えます。何も校内に留まる必要もありません。保護者に協力してもらいましょう。他校や地域と一緒に活動をしてみてもよいでしょう。一人では限界があります。学年団だけでは厳しいこともあります。自分たちだけでできないことは、諦める前にどんどん周りを巻き込みましょう。可能性が一気に広がりますよ。

親切な人は多い

学校は「ありがとう」という声が、たくさん聞こえる職場だと思います。きっと、あなたの職場にも、「ありがとう」が溢れており、親切な人がたくさんいることでしょう。全員ではないかもしれませんが、学校の先生は困っている人を放っておけないはずです。そもそも頼りにされる、感謝されることを人は嬉しく感じます。一方、「迷惑をかけるから」「時間をとってしまうから」と相手のことを気遣う気持ちもわかります。しかし、**素直に「手伝ってほしい」「助けてほしい」と声をあげれば、多くの場合が大丈夫なはず**です。むしろ、「一人で、できてまうんで！」というような雰囲気の方が感じ悪いです（笑）。一緒に働いていれば、どこかであなたが手伝える場面もあります。職場は全員が持ちつ持たれつです。いっぱい助けてもらいましょう！

助けたくなる人に

親切な人が多いと言っても、あなたが「助けたくなる人」でなければ、助けてもらえません。ん？助けたくなる人？と思うかもしれません。何も特別なことをする必要はありません。助けたくない人にならなければよいのです。礼儀をわきまえ、あなた自身が周りに親切にしながら、一生懸命に学校を支えていれば、あなたは「助けたくなる人」です。

POINT

・周りには頼りになる人がたくさんいる。頼っていこう。巻き込んでいこう
・自分も周りを助けることで、助けたくなる人でいよう

10

完璧な人間関係なんてない

変えられるものと変えられないもの

学年主任に必要なマインドセットも、いよいよラストです。ここまでに述べてきたマインドセットを心掛けることで、変えられるものがあります。自分と未来です。

反対に、自分では変えられないものが他者と過去です。過去は解釈の仕方によって変わるという方もいらっしゃいますが、事実は変わらないです。

この点をしっかりと区別できると、気持ちが楽になっていきます。さらに、過去のことばかり気にしてしまうなど、エネルギーを間違った方向に注がなくなります。

変えられないもの

あなたがどれだけ努力をしても過去の事実は変わりません。テストでミスをした場合、たしかに「このミスのおかげで、絶対に忘れなくなったんだ。だから、あれは失敗じゃない」という解釈をすることも、できなくはないです。しかし、事実は変わりません。また、自分が好きな本を他者に全力でプレゼンテーションをしたとしても、好きになるかはわかりません。本の内容を知ることがあっても、その本を好きになるかは、相手が決めることです。

人間関係も同じです。もし、過去に何かしらのトラブルを起こしてしまった場合、そのトラブル自体がなかったことにはなりません。自分が相手と仲良くしたいと思っていても、相手が距離をとってくる場合だってあるでしょう。ここだけ読むと、「え？これって、人間関係のことの本やんね？」と、少し疑ったかもしれませんね（笑）。

「そんなもんや」と、気楽に

びっくりするかもしれませんが、人間関係ってそんなものなんです（笑）。気にしすぎな人が多い（笑）！「あの人とうまくいきたい」と思うから気になるのです。

自分が相手に歩み寄っているつもりでも、うまくいかないことだってある！そもそも、うまくいっている人間関係というのも、人によって違います。**完璧な人間関係なんてできないんです。**

ぶっちゃけてしまえば、人間関係を全く気にしなくなれば、すべてのストレスの半分くらいはなくなるのではないでしょうか？何が言いたいかというと、それくらい人間関係って、気になってしまうと、ヘビーなことということです。

だからこそ、気楽にいきましょう！打ち解け合うことが難しくても、適度な距離を保ちながらでも、いいじゃないですか。

変えられるもの

だからこそ、変えられるものに注目しましょう。自分と未来です。

例えば、あなたが現在、職場の方との人間関係に悩んでいて、「あの人は、ああだから…」「自分とは違うから…」と思っているとします。このような思いがある場合は、相手との関係を変えることはできません。なぜなら、**責任の所在が相手になってしまっている**からです。

そこで、「自分は、どうだろう?」と見方を変えてみてはいかがでしょう?

ひょっとすると、自分が自分のスタンスに固執していて相手に合わせてもらおうとしていませんか?相手の考え方や方法が自分と違うことを問題ではなく、強みと捉えてはどうでしょうか?絶対にあなたの関わり方が変わってきます。

あなたが変われば、自ずと未来が変わってきます。これまでの行動と違うのですから、結果も変わってきます。

「この人とはうまくいかない」と思ってしまう気持ちもわかります。ただ、できることは、シンプルです。自分がどうするかです。そう考えると、人間関係は自分次第なのかもしれませんね（笑）。

POINT

- 変えられるものと変えられないものを理解して、変えられるものにエネルギーを注ぐ
- 完璧な人間関係なんてないので、気楽にいきましょう
- 人間関係は、相手に関わらず、自分次第で変わる

第3章

学年をチームに変える13の仕組み

01

その学年団らしい学年会を

頻度

ここでは学年会について述べていきます。学年団での打ち合わせのことです。

そもそも、学年会をするのかで意見が分かれそうですね。私個人の意見としては、学年会をした方がよいと考えています。しかし、たくさん学年会がある＝すてきな学年団とは全く思いません。その学年団に応じた学年会を開くことがポイントです。

まず、頻度です。メンバーの経験年数や家庭の状況によって変わってきます。初任の方や初めて担任をする方など比較的に若いメンバーで構成されている場合は、週に1回を目途にしたいですね。こまめに学年会を開くことで、若手メンバーの不安を聞いたり、来週の見通しを示したりすることができます。5年目以降のメンバーで構成されている場合は、お互いが必要に感じた時に学年会を開くという頻度でよいと思います。学年会を開くことが目的にならないようにしたいものです。最後になりますが、先生方の思いを大切にすることも忘れてはいけません。年度はじめに「学年会はどのようにやっていきたい？」と投げかけてみることが、はじめの一歩であるだけでなく、最も重要なことかもしれません。

職員室で周りを頼る教室で授業を想起する

皆さんは、学年会をどこでしますか？各学校で「学年会は必ずここでしましょう！」みたいに、場所の指定はないですよね？おすすめは、子どもの話や行事等の打ち合わせについては職員室で、授業の打ち合わせは教室で行うことです。

職員室で行う大きなメリットは、次の2つです。

①学年団以外の先生を頼りにすることができる　②印刷、電話などがすぐにできる

①が本当に大きなメリットです。「ん？これって、どういうこと？」ということがあれば、「〇〇先生、これって、どうしていました？」と、受け持っている学年の経験がある

先生に、すぐに聞きましょう。学校は、その学校ならではのことが、たくさんあります。自分に経験年数があっても、わからないことは結構あります。そこをクリアにしてくれるのが、周りの先生です。どんどん頼りましょう。人は頼りにされることが好きですから、迷惑なんて思ってはダメですよ！また、このような話を積み重ねていくと、他の学年団との関係もよくなっていきます。すると、活動によっては、「一緒にやろう！」と、異学年交流にも繋がっていきます。

②は後回しにしない技術です。職員室で打ち合わせると、すぐ行動に移すことができます。当たり前と感じるかもしれませんが、準備不足や失念を防ぐことに繋がります。

授業についての学年会は、教室をおすすめします。黒板を使いながらできますし、教科書や教具を確認しながらもできます。そして、子どもの様子をイメージしやすいことが魅力です。「AさんとBくんがここに座っているんですけど、こんな話を始めて…」のように、子どもの名前や活動の場面が具体的に話せるとよいですね！

ここでは、職員室と教室をおすすめしましたが、場合によっては、体育館で、運動場で、特別教室で…といった身軽さが重要です。机上の話で終わらないように、子どもの姿や活動の様子がイメージできる学年会を開いていきましょう。

トップダウン？ボトムアップ？

当然ですが、学年会の時に、主任という立場であることを忘れてはいけません。自分から「こうしましょう」とトップダウンの提案をすれば、それが学年の意見や方向性になるということです。圧倒的な時短になりますし、譲れない時には有効です。

では、意見を吸い上げるボトムアップのような形は必要ないかというと、それは違います。学年の先生の意思を大切にすることが信頼ベースの学年団づくりに繋がります。また、各活動に、思い入れが生まれます。

このように、学年主任は、トップダウンかボトムアップかでどのような違いが生まれるかを把握しておく必要があります。

POINT

- 学年会は、メンバーに応じた頻度で、打ち合わせ内容に応じた場所で
- 学年主任であることを忘れずに。トップダウンなのか、ボトムアップなのか

02

学年会を開くにあたって

はじめに

学年会を開くとなったのなら、学年会を楽しく行っていきたいものです。楽しくするためには、お互いが安心感をもって意見が伝えられる場であると共に、円滑に進行していくことが求められます。そのために、打ち合わせの内容を事前に洗い出しておきましょう。そうすることで、学年会のはじめに「今日はA、B、C、Dについて打ち合わせて、16時50分には終わろう」と、全員が見通しをもてます。「Eの案件についても確認しておいた方が、よいのではないですか？」と他の先生が教えてくれる場合もあります。心強いですね。すかさず「ありがとう」と伝え、全員で補完し合って、抜けのない学年会にしていくことも大切です。

話題の順番を考えて

検討事項が出そろうと、期限が迫っているもの、検討に時間がかかるものなどが見えてくるので、優先順位をつけて検討していくことができます。私の場合は、確認事項を最初に、学校全体に関わる案件、学年に関わる案件、後回しにしてもよい案件という順で行うことが多いです。そして、最後に「子どもに関わることである?」と軽く問いかけるという具合です。

それでも、どうしても検討に時間がかかってしまう場合があります。しかし、学年会の時間の意識って大事ですよ!特に、学年主任は。間延びする学年会はしんどいですし、検討途中で退勤する先生がいる場合、気を遣わせます。「Bは後回し。Cについてはどう?」「今日はここまで。〇日に続きをしよう」と、見切りをつけることも大事です。また、全員の意見が出そろっても、話がまとまらない場合は、「私の方で考えさせてもらってよいですか?」と引き取りましょう。後日、「このような形でお願いしたいんですが」と学年団に投げかけ直すことは忘れないように！

話を振る順番を考えて

では、楽しい学年会にしていくには？という点です。もちろん、笑い溢れるfunnyな学年会も楽しいと思います。そして、その一面が必要なことは言うまでもありませんが、それ以上に個々が有意義だったと感じるinterestingな学年会にしたいものです。

そこで、話題を振る順番を意識してみましょう。イメージは、トーク番組のＭＣと同じです。大御所が「こうだ！」と言えば、なかなか若手が「いやいや！」とはツッコミにくいですよね。検討する案件について概要を説明した後、まず若手にアイデアを求め、自由に提案してもらいます。「間違っているかもしれないんですけど…」と言いながらも何かしらの意見が返ってきます。「わからないです」と返ってくるかもしれませんが、それでもよいのです。**大切なことは、若手の先生が自分で考える機会をつくること**です。学年主任に言われたことをするだけの若手では、大きな成長は望めません。学年会を若手の先生にとっての自分で考える習慣、自分で考えたものを多くの人の見方や考え方と比べる習慣を鍛える機会にするのです。

他の先生には、「どう思いますか」と尋ねた後、「何か似たような経験ってありますか？」と、これまでの経験を話してもらいましょう。「そういえば、こんなことがあって〜」と、見通しに繋がるような話が出たり、リスクの面が見えてきたりして、かなり参考になる事例が出てくることが多いです。必要であれば、「詳しく教えてください」と深堀りしましょう。このように、**学年会をただAかBかを決める話ではなく、深みのある打ち合わせにしていくことで、自分自身も含めた学びの機会とすることができます。**

当然のことながら、毎回、台本のように順番を決めておく必要なんてありません。あくまでも意識の中での仕組みです。全員が考えを伝える機会をつくっていくことで、自然と全員が安心して自分の考えを伝え合える学年会になっていくのです。

POINT

・学年会は、ちょこっと準備して、効率よく進める
・ＭＣのつもりで、全員が考え、考えを伝えられる機会をつくっていく

03

子どもを交えて

子どもが先生を繋ぐ

学年団の人間関係を繋ぐ最大の味方は、子どもです。ピンとこない方は、気づいていないのかもしれません。例えば、自分と話していた子どもが「A先生にも、聞いてみよう」ということがありませんか？子どもにとっても、先生たちが繋がっている姿は安心できるでしょう。実際、先生たちの周りに子どもが集まってくるようになるはずです。

学年団のそれぞれの先生が、子どもとの関係づくりをしっかりと行い、どの学級の子どもに対しても、学年の先生が関わっていれば、学年団の先生たちを子どもが繋いでくれる場面はたくさん出ているはずなのです。

子どもを交えて雑談を

佐野　「愛しのA先生に、ホワイトデーを返すの忘れた…。どうしたらいい？」
子どもX「そこは、素直に謝るしかないやろ」
佐野　「いや、それはあかんと思うねん。B先生は、返してた。何とかしないと…」
子どもY「めっちゃ高いチョコレートを用意したらええねん」
佐野　「先生の小遣い事情を知ってるやろ。あ、でも紙袋だけブランドにしよか！」
子どもX「あ、A先生。サノTがホワイトデーをどうごまかすかの作戦を考えてるで」
A先生「もう最低やろー。B先生は、きちんと返してくれましたよ（笑）」
子どもY「さすが、B先生や」
A先生「素直に気持ちを伝えてほしいです。佐野先生には、がっかり（笑）」
子どもX「やばいぞ、サノT（笑）！」

この文章は…何？と思われたかもしれません。あくまでも一例です。私は、子どもに学年団の先生とのことをよく話します。子どもも、よく知っている先生の話は大好きです。

子どもを交えながら話すと、先生たちの話は冗談が増えます。今回は、私がA先生を話題にしたところ、私がからかわれた時のものを紹介しています。そのほかにも、子どもと一緒に相手の先生のものまねをしたり、目の前で、相手の先生の素敵なところを子どもと言い合ったりするのも、おもしろいです。

学級通信で

学級通信では、子どもの様子や保護者への連絡を書くことが多いと思います。そんな学級通信に、時折、他の先生のことや学年団の交流について書いてみてはいかがでしょう？私は、結構、書いてきました。何気ないやり取りの話でもよいですし、校外学習の下見の話もよいですね。書き方としては、登場する先生の素敵なところや意外な一面を書いたり、笑い話を書いたりすることです。子どもは、その号の学級通信を通常よりも喜んで読みます。さらに、学年団の関係性が見えるので、保護者にも好評です。

通常の学級通信と違い、子どもたちへ配付する前にしておくことがあります。「こんな風に書いてみたんです」と、登場する先生に学級通信を読んでもらうことです。私の経験上では、「もぉ～」と、少し照れる先生はいますが、皆さん、大いに喜んでくれます。「必要なら、写真も入れておいて」などとおっしゃってくださる先生もいます（笑）。また、文章でなく、先生方のイラストも喜ばれます。私は絵が得意ではないので、子どもに「B先生のイラスト描いて」とお願いし、それを使うのです。先生方へ見せると、

B先生「私は、もっとかっこよいやろ～」

A先生「え？B先生に似てますよ！じゃあ、私が描いてあげる！」

B先生「遠慮しときます（笑）」

佐野　「みんなで一回、B先生を描いてみますか？」

と、楽しい雑談へと繋がっていきます。描いたイラストも使えそうですね（笑）。

POINT

・子どもも巻き込んで、学年の先生と冗談を言い合う
・学級通信を通して、学年団の先生と繋がる

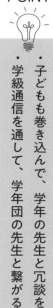

04

大きな行事を任せる

何でもやらない

学年主任になったからといって、自分が学年の主役であるわけではありません。また、学年主任だからといって、学年の行事を何でも自分でしなければならないなんてことは、ありません。どんどん学年団のメンバーに任せたらよいです。自分はハイスペックなので、できちゃうんですという方も、仕事を任せていきましょう。

行事は、学年全体での活動になります。その時、学年主任には、全体を俯瞰的に捉える視点が必要です。子どもの様子は当然ですが、学年団の動きも俯瞰的に捉えるようにしましょう。子どもの指導は担当の先生に任せてしまって大丈夫です。指導の様子を見ながら、自分はゴールに向けてもっとよい方法はないかを考えます。さらに、学年団のメンバーが、指導の担当者に任せ切るのではなく、主体的に行動できているかも考えます。

1年間を見通して

次の例は、6年生の1年間の行事予定と主担当者です。

	主任	A先生	B先生
1学期	・卒業アルバム作成	・運動会の団体演技	・入学歓迎会 ・春の遠足
2学期	・修学旅行	・作品展 ・社会見学	・学習発表会
3学期	・卒業文集	・研究授業	・卒業お祝い集会 ・卒業式 ・卒業遠足

他の学年に比べて大きな行事が多い6年生で、一般的に取り組まれていそうな行事を例にしています。また、年度当初に、実施時期がわかっていそうなもので、特に準備が必要な行事を取り上げています。もちろん、学校によって、ほかにもあると思います。

分担方法

先ほどの例は、学年に3人の担任がいる想定です。主任の担当数を少なくしています。意図としては、前述の通りです。では、いつ、どのように分担するかです。

私は、年度はじめに分担することをおすすめします。学期が始まるまでに、計画をたてられるので、早めの準備ができるからです。行事によっては、直前の対応だと、その時期が急激に忙しくなるものがあります。どれほどの準備が必要か、いつまでにたたき台となる案を提示してほしいかを見極め、担当者に伝えることも重要です。

誰が何をするかは、各メンバーの意思と個性を踏まえて話し合い、分担しましょう。第2章を思い出してください。主任からは、自分の担当数を少なくする意図と「絶対に相談にのる」という姿勢を示します。メンバーによっては、担当数が変わってきます。例では、

Ｂ先生が多いですね。私は、内容が違いますから、担当数は違ってよいと考えていますが、この点についても、メンバーと話し合って決めるといいですね。

フォローアップ

「どう？気になっていることない？」とタイミングをみて、フォローアップの声をかけていきましょう。休みの間に計画を練ってくる人が多いので、長期休み明けや「そろそろあの行事についての準備をしとかないとな～」というタイミングがいいですね。特に、経験の少ない先生には、こちらから声をかけていきましょう。

POINT

- 行事は、基本的には、メンバーに任せていく
- 学年主任は俯瞰的に子どもと学年団の様子を見る
- フォローの姿勢を忘れずに

05

学級の様子・学級経営について交流する

学級についての話題を出しやすくする

各学級についての交流をすることは、とても重要です。皆さん、思っているはずですが、それ以外に話し合うことが多く、どうしても学級についての話って、後回しになりがちです。だからこそ、何気ない会話や学年会の中での言いやすい雰囲気づくりが大切です。

私は、**普段の会話や学年会で、しれっと「なんか子どものことである～？」と、話題に出していきます**。この「しれっと」ということがポイントです。あまり真剣な感じで言うと、他の先生は言いにくくなります。もしくは、「うちの学級でこんなことあってさ～」と、自分から学級の様子について話していきます。話題としては、おもしろ話や子どもが自主的に始めたこと、困ったことがいいですね。すると、他の先生も話し始めてくれます。

学年団となって間もない1学期は、学級の話が当たり前に出てくる機会を積み重ねていきます。ただ、注意があります。**くれぐれも「うまくいってさ～」のような自慢話、「あなたもやるべきだよ」といった自分の枠にはめにいくような話はやめておきましょう。**自分は学級のことを伝えているつもりかもしれませんが、学年主任からそのような話をされては、他の先生方は、合いの手を打つくらいしかできないですから。

だんだんと雰囲気ができてきたならば、学年会での定番にしていきます。私の場合は、「じゃあ、最後にクラスのことである？」と問いかけるようにします。日頃からの積み重ねがあれば、重たい話でも、「実は…」と話してくれます。この雰囲気がないと、「なかなか言えなくて…」になってしまいます。よく先手を打つと言いますが、一番の先手は、**先手を打つ前に雰囲気をつくること**です。

何かと交換する

お互いの学級のことを知っていくには、お互いの学級に関わっていったり、学級のことを伝え合ったりする必要があります。…ということは、お互いの学級に触れる仕組みをつくればよいのです。一般的なところでは、教科担任制での授業交換が代表例だと思います。その考え方と同じで、何かと交換してみると、「この子って、こういう子だったんだ」「うちの学級とは、ここが違うな」と、お互いの学級についての気づきや学びがたくさんあります。そこで、私が学年団で交換したことがあるものをいくつか紹介します。

①教科、授業

教科担任制はもちろん、「この単元は、佐野先生がします」というようなこともできます。1時間だけの飛び込み授業もできます。

②〇日間、学級を交換する

管理職に相談した上で、取り組んでください。1日の流れの違い、普段の隙間時間の使い方や子どもの整理整頓への意識の高さなどのちょっとした部分が見えてきます。

③給食指導

すごくお手軽です。その上で、学級の雰囲気や人間関係、規律などが見えてきます。

④学級通信

学級の様子について、担任がどのように考えているかがわかります。お互いの教育観のアップデートにも繋がります。職員室のお互いの机上に、学級通信を1枚置いておくだけでよいという手軽さもいいです。

他の学級の子どもと先生と遊ぶ

各先生のキャラクターもありますが、休み時間は、「となりのクラスの子も、A先生も誘っておいで」と、自分の学級の子どもに伝えて一緒に遊ぶといいですよ。「A先生のクラスの子は、〇〇ですね」「A先生、めちゃくちゃ足が速いんですね」といった発見があります。外遊びでなくても、カードゲームで先生同士が対戦するなどもできます。先生たちも楽しいですし、先生らの姿を見ている子どもも喜びます。恥ずかしがらずに（笑）。

POINT

・お互いの学級について自然と話せる雰囲気をつくっていく
・授業などを交換したり、時には、先生同士でも遊んだりする

06

学年通信を発行する

学年だよりとは違うの？

前の項目で学級通信の話を出しましたので、学年通信というものを紹介します。学年通信は、学年団の先生が順番に通信を書き、どの先生が書いても全クラスに配布するというものです。学年通信の内容は、学年だよりのように、連絡事項中心というわけではありません。各担任が子どもに伝えたいと感じたことを順番に書いていくというスタイルです。

もちろん、必要な時には、学年通信の中に連絡事項も織り交ぜて書きます。そのため、多くの学校で取り組まれている学年だよりの方は必要ありません。

子どもにも、学年通信は好評です。まず、各学級の先生が書いていることで、それぞれの先生のキャラクターが文章に表れてきます。また、他の学級の様子や友達のことが書いてあることが嬉しいようです。特に、自分の仲の良い他の学級の児童の様子が書かれている時には、興味津々で通信を読んでいます。学年通信ならではのよさかと思います。

何を書いているの？

学年通信を書く時の原則は、「内容は、何を書いてもよい」「子どもも保護者も読むものにする」の2つです。そのため、主には、授業や行事などの日常の子どもの様子を書いています。また、子どもも読みやすいように、保護者も巻き込みやすいように、笑いを交えて書く号も、たびたび発行するようにします。その他にも、各先生の思いや保護者の方にご協力いただきたいこと、子どもが喜ぶクイズなども書いています。

おまけとして、時には、学年団の先生に関するおもしろ話を書きます。このような話は、学年団での話題にもなりますし、子どもも大喜びして読みます。さらには、学年団の団結力を示すことにもなるので、実は、保護者の安心感にも繋がります。実際、保護者の方から「学年の先生たちの仲の良さが伝わって、（学年通信を）本当に楽しみにしています」

といったお声をいただくこともあります。

学級通信よりも負担減

順番に回していますので、週に3号のペースで発行しても、3クラスの場合、一人あたりは1号分の仕事量です。また、「研究授業で忙しいのだから、今回は私が書くよ」のようなことができます。学年通信を発行することが目的ではありませんが、発行するペースが落ちてくると、子どもや保護者に、「どうしたんだろう?」という不安感を与えてしまいます。学年通信は、お互いの仕事の状況によっての対応もできるので、その心配もありません。毎年のように、負担面から学級通信を発行するかどうかを悩む先生を見かけます。このような教師側の不安感を取り除けることも、学年通信の大きな魅力だと思います。

学年通信に取り組んだ先生方にインタビュー

私と学年通信に取り組んだことのある二人の先生に感想を聞いてみましたので、紹介します。ちなみに、当時の学年は３クラスでした。

Ａ先生「(今まで学級通信を書いたことがなかったが）３人でやることで不安感が減りました。また、順番が回ってくることで、ペース配分を掴むことができたこともよかったです。そして、何よりも学年通信に取り組んでみたことで、子どもに伝えたいことを深く考えるようになりました」

Ｂ先生「他の先生の考え方や子どもとの関わり方が見えたり、子どもに先生たちの一致団結感が伝わったりして、よいですね。それに、違うクラスの子どもが（担任ではない自分に）親しみをもって接してくれていると感じられるのもよいです」

学年通信に取り組むことで、学年団の全員が、学年の子どものことについて深く考えたり、お互いの教育観に触れあったりすることができるようになります。

POINT

・学年通信に取り組むと、お互いの教育観をアップデートしながら、学年団の一体感を強くすることができる

07

教室という壁を取り払う

教室が隠す

他の学級の様子がわからない最大の理由は、自分の学級と隣の学級が壁で遮られているからです。この壁があることで、各先生に「他の学級は見えないもの」「他の先生に見られたくない」「この教室は、担任である自分がなんとかしなきゃ」などの無意識を生んでいきます。実際に壁があることは、建築の構造上で仕方のないことですから、先生たちの心のあり様を変えていきたいものです。各先生が「それぞれの教室ではなく、学年の教室である」「隣の学級はどうしているのかな?ちょっと見に行こう」「手伝いに行こう」「助けてもらおう」という意識でありたいですね。子どもは、違う学級の先生が教室に入ってきても、年度当初から行っていれば、違和感を抱きません。よく学級が崩れてきてから入り込み等を行う場合を耳にしますが、子どもは「監視されているのかな？」という疑念をもちます。たくさんの目で各学級の子どもを見ていくことは、事故やトラブルの未然防止、お互いの教師力アップにもなります。それは、子どもを守ること、各先生を守ることにも繋がっていきます。

教室の配置を見直そう

皆さんは、教室の配置について考えたことがありますか？多くの学校が横並びの配置ですね。私は、ここにこだわりがあります。学校によっては、「主任は１組」というような暗黙の了解があるかもしれません。その場合でも、年度はじめに、「教室の配置をこうしたいのですけど、よろしいですか。理由は～です」と、管理職に相談に行きます。もちろん、学年団でも相談してからです。**実は、この配置の仕方によって、先生方の他学級への目の届きやすさが変わるからです。**

では、次ページの表をもとに、３クラスの学年として、教室の配置について考えてみた

	手前	真ん中	奥
A	学年主任	新任の先生	ベテランの先生
B	ベテランの先生	学年主任	新任の先生
C	新任の先生	ベテランの先生	学年主任

いと思います。Ａの場合、経験の浅い先生が真ん中になるので、両側からサポートしやすいと思います。Ｂの場合、奥の教室まで「見に行こう」と心がけないと、新任の先生の教室の雰囲気は把握できません。Ｃの場合、他の教室が動線上にあるため学年主任が全学級の教室の状況を把握しやすいです。この例では、新任の先生をサポートするという視点で考えましたが、方法は様々です。その学年団に応じた教室の配置を考えてみてはいかがでしょうか。ちょっと相談をするだけで、その1年間が変わるかもしれません。

他の教室にどんどん入ろう

学年団のメンバーによって、「教室に入ってもらいたい」「入ってもらいたくない」という意思があるはずなので、そこは尊重しながら…という前提で考えてください。

私は、他の教室に、担任以外の先生がどんどん入っていく方がよいと考えています。また、私の場合は、「自分の学級に、いつでも入って来てください。何か思ったことがあれば、気兼ねなく教えてください」と伝えています。教室に入って何かするというわけでなくてよいです。45分ではなく、少しの時間でよいです。それでも、素敵だと感じたことや気になったことを、相手の先生に伝えることができます。何もなければ、何も伝えなくてよいです。４月から取り組んでいると、周りの先生が教室にいても、「見に来てくれているな」という感覚に変わってきますよ。

POINT

・教室という壁を越えていこう
・学年団と相談して、意味のある教室の配置にしよう

08

職員室の環境づくり

どこに誰が座るか

前のページで、意図的に教室を配置することについて述べました。似たような仕組みで、職員室の机の配置についてです。職員室で、どこに誰が座るかを意識したことはありますか？全体の配置については、管理職や教務主任の先生が考えていることでしょう。その提案の中で、多くの学校が学年団ごとに配置されていると思います。ここを学年団で考えるのです。主任が真ん中に座って、どなたの意見も聞きやすいようにすることもできるでしょう。あるいは、バラエティ番組のＭＣのようにお話上手な方がいれば、その方を端の席にして、トークを回してもらうようなイメージもよいかと思います。注意が必要なのは、全員でコミュニケーションをとりやすいような座席にすることです。物理的な距離は心理的な距離に影響してきます。気を付けなければ、後になって、空気感が一人だけ違う…といったことになりかねません。職員室によっては、机が横並びではなく、向かい合わせになっているなどもあると思いますし、学年団のメンバーの個性も違いますので、その中で、**どのように座るとお互いが交流しやすくなるかを考えてみてください。**

机上は

職員室では、お互いの顔をしっかりと見ながら話すことができていますか？昔、若手の先生に「相手の目を見て、話を聞きなさい」と叱っている先生を見たことがあります。私は、その様子を見ながら（そもそも見えへんのちゃう？）と思ったことがあります。机の上に物が山積みだったからです。これは、いけません。教室の壁と同じで、相手との間に物理的な壁があると、コミュニケーションの量が変わってきます。何気ない会話は、間違いなく減っているでしょう。机上がスッキリしていれば、お互いの様子が見えるので、事務作業をしている先生を見て「あ、それやってなかったわ。ありがとう！」といった場面が出てきます。相手の表情から「何かあった?」と声をかけられる場面も増えます。単純なところで、作業効率も上がりますから、おすすめです。

見える化アイテム

では、職員室の机には、何があるとよいのでしょうか?一般的なものは省いた上で、おすすめしたいものが「見える化アイテム」です。学年会では多くのことを話し合います。すると、最初に決まったことを忘れてしまったり、話が長くなり目的からずれていったりします。時には、何気ない会話から重要な話へと移っていくことだってあります。そこで、授業の黒板のような役割をするアイテムがあると、内容が焦点化されていきますし、記録もできます。私自身は、これまでホワイトボードを多用してきました。机の側面にマグネットで貼りつけておくと、いつでも使えて便利です。それ以外にも、タブレット端末や付箋など、自分に合った見える化アイテムでよいので試してみてください。

授業と同様で、このようなアイテムがあると、全員で1つの画面を眺めながら、あーだこーだと話し合えます。お互いの距離が近くなると、安心して話せるようになりますからね。また、何もなしに頭の中だけで話すよりも、情報が整理されていきます。できあがったものは写真に撮るなどすれば記録にもなりますから、個々でのメモの必要もありません。

ちょっとしたお礼アイテム

最後に、私のことではないのですが、この文を書きながら（あれ、いいな）と思い出したので紹介します。過去にうまい棒を引き出しに潜ませている主任がいました。何かあると「ありがとう」と言いながら、うまい棒を渡すのです。早速、私も潜ませていこうと思います。チョコバットがいいかな～？ティーバッグはお洒落かも！

POINT

- 教室配置と同様に、意図のある座席に
- 机上は整理整頓し、お互いの顔が見えるように
- ちょっとしたアイテムで、話し合いを見える化したり、お礼を伝えたりする

09

自分以外の先生の全体指導

絶対にNGなこと

運動会に向けての練習、水泳指導、校外学習での指導、〇〇式に向けての練習など、中心となる先生を決めて、学年全体を指導する場面があります。ここでは、自分以外の先生が学年全体を指導する場面について書いていきます。第2章でも述べたように、メンバーをサポートしていきましょう。それに伴い、絶対にやってはいけないことがあります。説明の都合上、全体指導を担当している先生をA先生とします。

①A先生が全体指導しているにも関わらず、横から子ども全体を大きな声で締める。
②A先生の全体指導に割って入り、自分が子どもへ指示を出す。

③子どもの前で「ここは、こうする方がいい」と、A先生に注意をする。
④「今のは、A先生の指示がよくない。わかりにくかったね」と寄り添う感じで、A先生の指導について、子どもに話す。
⑤始業時刻になったにも関わらず、「今日は、どのような流れでやりますか?」と、A先生に確認する。
⑥自分の学級の子どもだけを褒める、叱る。

これらの行為は、**全体指導をしているA先生の立場や子どもからの信頼を奪ってしまっています。また、あなた自身がA先生やそれを見ている学年団の先生から信頼を失う行為です**。①~④は、学年主任という責任感や「成功させよう」という思い、子どもへの優しさからの行動かもしれませんが、A先生の立場への配慮が足りません。⑤は、A先生にサポートする気持ちからかもしれませんが、打ち合わせは事前にしておくべきです。もし、何かしらの理由でできていなくとも、A先生に任せて動くべきです。⑥は、全体を俯瞰的に見る意識が足りていません。

「そんな学年主任、おらへんやろ~」と思っていただきたいところですが、当てはまる方は、結構います。全体指導を行うA先生を信頼するとは、どういう行動をとることなのかを思い返してみてください。

全員に役割がある

では、A先生以外のメンバーは、どのような動きをするとよいのかを考えてみます。運動会に向けて、3学級の学年で、団体演技の練習をしているとします。

・A先生　…全体指導
・B先生　…事前に個別の支援が必要と感じた子どもを中心に指導
・学年主任…全体把握＋教具の準備やB先生が担当する子ども以外への個別指導

あくまでも、例えばです。このような役割にすると、主任の先生がB先生よりも、全体を見る役割を担っていますから、気づいたことがあればメモなどに残しておき、あとで伝えたいところです。「最も臨機応変に動く役割」と言ってもいいと思います。

当然のことながら、傍観するような役割はありません。また、全体指導を行う場面や誰が全体指導をするのかによっても必要な役割は変わってきます。事前に、必要な役割を確認し、誰がどのように動くとよいか、A先生を中心に全員で考えておくとスムーズですね。

指導後に軽くふりかえり↓次の打ち合わせ

A先生に「もっとこうするといいよ」と伝えたくなる気持ちもあると思います。そのような場合は、子どもの目がないところで、サラッと伝えましょう。褒める場合も「あそこ、よかった」とサラッと、指摘する場合は「あれは、こうした方がやりやすいと思うよ。ところで、次は～」とサラッと伝えて、次に向けた打ち合わせを始めましょう。ビシビシいく必要はないです。サラッと行ったふりかえりを踏まえて、次の話をすれば改善に繋げます。「ところで、今日の指導は～」と、いかにもふりかえりをするぞという感じは、お互いに疲れがたまるだけです。

POINT

- 自分以外の方が全体指導をする場合、NG行動がある
- 指導の時は自分の役割を考えて行動し、ふりかえりでは「次、次！」と前向きに

10

一緒にしない

一緒にすることはチームワークを高めます

先に断っておくと、「一緒にすることがダメ」と言いたいわけではないです。教材研究や大量の印刷などの事務作業…一緒にすることで、コミュニケーションや一体感が生まれます。様々な見方からのアイデアが生まれることもあるでしょう。単純なところでは、一人でするよりも大幅な時短になることもあるでしょう。

しかし、なんでもかんでも「学年のみんなで」とするのは、どうなのかな？と思います。同調圧力が働くかもしれません。気づかぬ間に、何でも経験豊富な先生に合わせてしまう集団になるかもしれません。分担していれば、同じ時間で効率的に他の作業ができたかもしれません。行き過ぎた場合は、一人で先に学年作業をしていると、「なんで一緒にやらないの？自分のクラスの分だけをするの？」とモメてしまうこともあります。

一緒にしなくてよいのでは？の例

相手に気を遣ってとる行動

例えば、学年主任が学年に関する手紙を印刷しているから、「手伝います」と言ったもののイマイチ手伝えることがなく、同じ空間に佇む…というような行動です。長期休みの宿題のように、大量の印刷なら、まだわかります。しかし、このような状況では、雑談はできますが、「気を遣わせたな」となります。

子どもがいるのに…という行動

例えば、遠足でのお弁当、宿泊行事での食事の時に、教師全員がそろってから食べる…というような行動です。先生全員が一緒に「いただきます」をするよりも、先に食べ終える先生、後から食べ始める先生というようにずらした方が、子どもと関われたり、食べている様子を写真に撮ったりすることができます。食器の片付けや準備も、一緒にしなければ…ということはありません。任せることも役割です。

学年団全員がいる必要のない報告

保護者と話す際、管理職に報告する際など、何かと学年団で報告に行くことがありませんか。もちろん、必要な場合もあります。しかし、終わってみれば「A先生、来なくてもよかったね。ごめんね」というような場面があります。その前に、学年主任が誰が参加すべきかをその場で判断し、「A先生、この案件なら大丈夫だから、違うこととしておいて」と声をかけましょう。A先生の立場からすると、「私は行かなくていいですよね？」は言いにくいです（笑）。

あくまでも例です。そのほかにも、「これ、みんなで一緒にする必要あるかな？」と感じることがあると思います。一緒にすることで、デメリットもあるのです。しつこいですが、一緒にしてもいいんですよ。しかし、**一緒にしないという選択肢があるのは大切**だと思います。

各自が行動を判断できる学年団に

最後になりますが、私がここで一番伝えたいことを書きます。**学年団のメンバーが「じゃあ、私は〇〇をしておきます」「こうした方がよいのではないでしょうか？」と言えるような仕組みをつくっていくこと**です。私なんかは、「やっておきました」と言われます。「そろそろ〇〇をした方がよいのでは？」と提案されてしまいます（笑）。

「今からみんなでこれをしよう」も大切です。しかし、「何でもかんでもではない」というメッセージを伝えていくことで、各自が考えて、自分の行動を判断できるチームになっていきます。頼もしい限りですよ。

POINT

・「一緒にしない」という選択肢のよさも伝える

11

学年団全員が柔軟性をもって

心の柔軟さが臨機応変な行動を生む

「あの人は、好きなことして…」「あの子どもは自分の学級ではないから」という感情は、自分の中に「こうだ！」「こうであるべき！」という線引きがあるから生まれるものです。その線引きが頑なであればあるほど、「あの人は、困ったものだな」「あのクラスの子は、もう！」という考えから変わらず、結局、自分は何も行動できなくなります。

ところで…あなたのその線引きは、絶対に正しいのでしょうか？

今、あなたが気になっていることを自分の線引きに合わせようとするよりも、「なるほどね」と受け入れる心の柔軟さがあれば、「じゃあ、こうしてみようかな？」という臨機応変な行動が考えられる場合があります。こういったマインドから生まれる対応力を、学年団のメンバーにも手渡していくのです。この話は、第2章のいくつかのマインドセットと重なる部分が多いので、第2章をふりかえりながら読んでもおもしろいかもしれません。

Ａ先生の個性的な実践も

学年に、個性的な実践をされているＡ先生がいるとします。あなたは、どうしますか？

ここで、最もやっていけないことは「あの人は、特別だから…」というような雰囲気や姿勢を学年団の他のメンバーに伝えることです。こうした雰囲気が積みあがると、Ａ先生が孤立したり、対立ではないもののＡ先生流と他の先生流のような派閥のある雰囲気になってしまったりします。

では、どうするか。他のメンバーもいる場で、Ａ先生に聞きましょう。「すごいね」と褒めるのではダメです。心理的距離があります。**Ａ先生の懐に一歩入るには、「どんな風にするの？」と聞くのです。さらに、「おすすめの本や板書とかない？」など、具体的な面にまで踏み込みましょう。**すると、Ａ先生に安心感を与えます。他のメンバーも様々な実践に挑戦しやすくなります。学年団の先生の実践は、前例のない新しい実践でも、一言めは「おもしろそう！」と伝え、A先生に「大丈夫。やっていいよ」という姿勢を見せましょう。ただ、自分も実践するかどうかは別です。あくまでも実践について受け入れることが重要なのです。その上で、実践について、批判的に検討するのです。否定的にではないですよ！

1学期からお互いの気になる実践については聞き合い、学年団の誰もが、お互いの実践について受け入れやすい仕組みをつくりましょう。

子どもの対応も日頃から

給食の準備時間を例にしましょう。A先生が廊下で個別指導していたとします。あなたは、どうしますか？自分の学級とA先生の学級の様子を見ながら給食指導をすることができますし、2クラスの給食当番を給食室へ一緒に連れていくこともできます。考えると、その場に応じて、あなたができることは、結構あります。このように、周りを助ける臨機応変な対応を見せていきましょう。

また、姿勢だけではなく、

「Cさんは教室を飛び出す時があるから、その時はこうしてもらいたい」

「どうしてもDさんと個別の話がしたいので、空き時間にうちのクラスへ入ってほしい」

「今日、給食時間にうちの当番も連れて行ってくれて、ありがとう」

というように、日頃から話しておくことで、状況に応じて助け合うことができるようになります。**お願いと感謝の繰り返しです。**積み重ねていく内に、一人では手が足りていない状況の時、お互いに何も言わなくとも行動することが当たり前になっていきます。


ちなみに…学年団で、このような人間関係と仕組みが当たり前になると、「ちょっとこの日、お休みをいただきたいです」「どうぞ、どうぞ！休むことも仕事です！」というように、働き方までも柔軟になっていきます（笑）。周りに遠慮のないお休みを！

POINT

・全員が様々なことを受け入れられる心の柔軟性をもてるような雰囲気づくりを
・全員が心の柔軟性をもてば、各自の対応力が磨かれていき、お互いが助かる

12

メンバーの魅力を発信する

発信する時は本人の魅力を話す

「聞いたよ、佐野先生。こんなこと頑張っているらしいね」

このような、また聞きの自分の話って、本人から直接言われるよりも気になりませんか？

不思議なもので、人は直接的に伝えられるよりも、間接的に伝えられる方が受け入れやすいという性質をもっています。オーバーハード・コミュニケーションと言われるものです。

また、よい話というのは、巡り巡って、本人に届きやすいものです。これは使わない手はないでしょう（笑）。

今回は、よい話は、どんどん広げられるようにしようという仕組みです。

同僚に話す時

最も効果的なのは職場の同僚です。**具体的に伝えましょう。**話題になった先生が自身の知らないところで働きやすくなると同時に、学年団の印象もアップします。例えば、学年団以外の先生に、「A先生にとっては初めて受けもつ学年なのに、学年会では、見通しをもって話をしてくれるんです。おかげで、先を見通した計画がたてられます。忘れっぽいところもあるんですけど（笑）」のように伝えます。ちょっと冗談っぽく話すことがポイントですね。このように話すことで、嫌味なく聞こえます。場合によっては、「わかるー。そういうところあるよね」という話の切り口ができ、話題が広がっていきます。するとA先生の魅力をもっと伝えられます。どんどん積み重ねていきたいものです。

保護者に話す時

とにかく「A先生は、頼りになる」ということを伝えます。すべての話題の目的は、この1点に焦点をあて、保護者の安心感に繋げましょう。**注意としては、絶対に事実を伝えること**です。例えば、廊下で会った時には、このような感じです。

保護者「あ、佐野先生。こんにちは」
佐野「あ、お久しぶりです。こんにちは！どうされました？」
保護者「子どもの忘れ物を届けに来たんです。先生、最近、うちの子はどうですか？」
佐野「ありがとうございます。そうですね。A先生と一緒に、算数を頑張っている姿をよく見ますね。休み時間に、A先生と計算ドリルに取り組んでいましたよ」

もし、保護者が少し不安そうに相談に来た場合には、このような感じです。

保護者「佐野先生、ちょっといいですか」
佐野「こんにちは。どうされました？」
保護者「最近、うちの子が元気なくて…A先生と話してみようかと…」
佐野「それは教えていただきありがとうございます。A先生は、子どものことを一生懸命に考えていますから、ぜひ伝えてください。よければ…私も同席させてくださ い。もし、本人に伝えにくければ、私から伝えることもできますよ」

保護者は、学校の先生のことを知る機会があまりありません。そのため、保護者の方が安心できる話を伝えましょう。また、自分が関わろうとすることで、学年団が連携できていることも伝えられます。学年通信などで、各先生の魅力を発信するのも有効です。

管理職に話す時

「もっとA先生のココを伸ばしたいんですが…」というように、相談するイメージです。このような伝え方をすると、A先生の頑張りも伝わります。ベテランメンバーの話の場合は、「A先生のココに驚かされて…」という感じです。ただ、各先生の魅力を伝えるのではなく、助言をいただける機会にもなります。また、裏のねらいとしては、「少しココに困っています」とも伝えられるので、今後も管理職に相談しやすくなります。

POINT

・相手に応じた伝え方で、学年のメンバーの魅力を発信していく

13

メンバーの構成から自分が活きるポジションをとる

自分のポジションって？

これまで学年主任のマインドセットや学年団の仕組みについて述べてきました。最後に、学年団の構成から、自分の力を発揮しやすくなるポジションを紹介します。ん？どういうこと？と感じられる人もいると思いますので、簡単に説明します。例えば、自分が学年主任で、自分よりも教師経験のあるベテラン二人と学年団を組んだとします。メンバーの二人に、「私は、こんな風にしましたよ」と先行して、手取り足取り教えるのは、いかがなものでしょうか？なかなかできないのではないでしょうか？しかし、新任二人と学年団を組んだのなら、どうでしょうか？同じように先行していっても、印象が違うと思います。

このように、学年団の構成によって、より自分を活かしやすいポジションがあるのです。イメージしやすいようにお店の従業員に例えて、いくつか紹介します。

店長ポジション

「何があっても大丈夫だよ。でも、みんなのことは、よく見ているからね」というような店長のポジションです。まだまだ経験の浅い先生と学年団を組んだ時によいかと思います。日頃から、授業づくりや校務の仕方など、基本的なことをしっかりと伝えていきます。さらには、「ここはこうするといいよ」と自主的にアドバイスをしていきます。また、「Aをしておかないと、Bがあるからね」といった予防線も伝えていきます。**イメージとしては、メンバーを一人前に働けるようにしていく感じ**です。

新米バイトポジション

基本的には「教えてください」「助けてください」という新米バイトのイメージです。

自分よりもベテランの先生方と学年団を組む時によいかと思います。「助けてください」という姿勢で、仕事をお願いしていきましょう。また、このポジションのもう1つのよさは「こんなことしたいんですけど、アドバイスをもらえないですか」と伝えることで、自分の取り組みたい実践がやりやすいことです。ちなみにこの聞き方は、会話のテクニックとして、実践をすることについては、「YES」で聞いています。「こんなことしたいんですけど、どう思いますか」というように、実践に踏み切れずに悩んでいる時などは、実践に取り組むかを相談する形で聞くこともできます。この新米バイトポジションは、**メンバーを大いに頼りながらも、自分の挑戦したいことにも取り組んでいくイメージ**です。

バイトリーダーポジション

「基本的には、個々に任せるけど、いつでも聞いておいで」という兄貴肌なバイトリーダーのポジションです。同世代やメンバーそれぞれが自立できる先生方と学年団を組む時によいかと思います。どちらかが頼る、頼られるではなく、お互いに伸びていこうというスタンスです。助けるというよりも「最近、どう?」と聞く程度です。お願いするというよりも「これを任せます」と分担します。店長ポジションが「学年メンバーを育てる」というイメージならば、**バイトリーダーポジションは「学年メンバーを鍛える」というイメージ**です。

大きく3つのポジションを紹介しましたが、あくまでも基本的なイメージです。この本を読んでおられる先生方の個性もあると思いますので、柔軟に取り入れてください。また、これまでに書いてきたマインドセットや仕組みは、どのポジションであっても活かせるものです。紹介したポジションが、マインドセットや仕組みをどのように発揮していくかのヒントになれば幸いです。

POINT

・学年団の構成（メンバーの経験年数・個性など）から、自分のポジションを見つける
・ポジションを見つけることで、マインドセットや仕組みを発揮しやすくなる

第4章

学年主任の人間関係構築術

01 自分にとって苦手な人との関わり方

自分は、学校に苦手な人がたくさんいます。学年主任ともなれば、学年団のバランスを考えて、自分が動いて相手を変えていくべきかとは思います。でも、相手が…。苦手な人との接し方は、どうすればよいですか？

A

正直なところ、苦手な人は誰にでもいます。マインドとしては、「人間関係なんて、そんなもんや！」と割り切りましょう。ただし、ここは頑張ってほしいということが2つあります。情報共有と、共に行動する機会をつくることです。

自分が苦手な人にならないように

教室の子どもが一人ひとり違うように、職員室の大人も一人ひとり違います。関係性が良好な人もいれば、苦手な人もいるかもしれません。しかし、それは、自分が誰かにとっての苦手な人になっているかもしれないとも言えるのです。私は、初任の頃、先輩に「担任は、子ども全員から好かれなくてもよいけど、嫌われてはいけない。職員室も教室と同じ。先生たち全員から慕われなくてもよい。でも、敵をつくってはいけない」と言われたことがあります。はじめの内は、「そら、そうやよなー」程度にしか考えていませんでした。けれども、いくつかの学校で勤務し、先生や文化の違いを感じる度に、この言葉を思い出します。

では、多くの人が苦手と感じる人は、どのような人なのか？いくつか考えてみました。

A　自己中心的な考えに周りを巻き込む　B　いつでも高圧的　C　立場をかざす

D　時間や締切りを守れない　E　自分のことばかり話す　F　悪口が多い

G　機嫌にムラがある　H　挨拶と清潔感がない　I　相手によって態度を変える

A～I以外にもあると思います。あくまでも可能性が高そうなものをあげました。どのような行動かは、ほとんどがご理解いただけると思いますので、CとEを補足します。Cは、「主任の命令は絶対」「先輩が言っているんだから」というように、上下関係などの立場で、場を制圧しようとすることです。Eは、ドラえもんのスネ夫君みたいな行動です。相手の話に合わせて「私にもこういうことがあったよ」と自分の話をするのではなく、相手の様子は関係なく自分のことばかりを自慢げに話すことです。

自分がこのような行動をとっていないかは、日頃よりメタ認知していきたいものです。気を付けなければ、自分が相手を苦手という前に、相手が自分を苦手なのかもしれません。

情報共有　共に行動

第1章に書いたように、学年団に必要なものは、チームワークであって、仲の良さではないです。そこで、最も大切になってくることが情報共有です。自分も相手も「知らなかった」で、何か困りごとが起きた場合、相手への信頼は一気になくなります。子どものこと、各部会からの連絡事項といった最低限の情報共有は欠かしてはいけません。ここを押さえておけば、関係が悪化する可能性がグッと低くなります。改善策としては、苦手な人と共に行動をする機会を増やすことです。教室まで一緒に移動する、どこかへ一緒に物を取りに行くといったちょっとしたことでよいです。あなた一人でなくともよいです。みんなで行動しましょう。少しずつ雰囲気が変わっていくかもしれません。

違う人を窓口に　距離をとる

正直なところ、自分なりに努力を重ねても、自分と相手の関係が変わらない場合はあります。単純に合わないということです。しかし、情報共有はしてほしいところです。そんな時は、窓口を変えましょう。誰かに間に入ってもらうのです。あなたとAさんがギクシャクするなら、Bさんに入ってもらいましょう。ただし、伝書鳩のようにするのではありませんよ。二人きりの状況を減らすようにするのです。

それでも、もし、あなたへ攻撃的な人がいた場合には、無理に関係をつくらなくてよいです。あなたが努力することで耐え難いことが起きるなら、距離をとりましょう。自分を大切にしてください。そのような場合には、管理職に、現状を報告することを忘れずに。

02 関わり方がわからない場合

学年の先生とのコミュニケーションが少なく感じています。仕事は回っていると思うのですが、学年会も最小限の連絡だけで、どことなく冷たい雰囲気があります。もう少し、お互いの考え方などを知りたいです。

A

メンバーのタイプも重要ですね。ひょっとすると、他のメンバーは今の雰囲気が好きかもしれません。でも、自分が苦手な雰囲気は嫌ですよね？お互いのことを知りたい気持ちもわかります。そこで、まずは、自分のことを知ってもらってはいかがでしょうか。

そもそも…

こういった相談の場合、確認しないといけないことがあります。それでなければ、学年団の人間関係に変化は起きません。**そもそも、自分が「この人たちは、こういう人たちだから」と否定的に思っていないか、です。**自分がメンバーを否定的に捉えていては、人間関係の発展は難しいです。メンバーの素敵なところを見つけ、自分自身がメンバーのことを肯定的に捉えられるようになってこそ、人間関係は発展していきます。

ジョハリの窓から

ジョハリの窓という心理学モデルをご存知ですか？次の①～④のように4つに区分して自己分析を行うことで、自己理解を深めるものです。

①自分も他者も知っている自分　**②自分しか知らない自分**
③他者は知っているが、自分は気づいていない自分　**④自分も他者も知らない自分**

ここでは、ジョハリの窓の詳細については省略しますが、ポイントとなるのは②です。②を開示していくことで、③が小さくなり、認識のズレが小さくなり…という具合に、人間関係の第一歩となります。つまり、自己開示が相手との関係を深めていくことに繋がるのです。

徐々に自分を見せる

考えてみると、自分のことを知ってもらうと相手の共通点が見つかるなどして、話題が増えていきますから、自然なことですよね。また、人は、返報性の心理（自分がしてもらった分、相手に返そうと思うこと）が働くので、「私も…」というように相手の自己開示を促し、関係を築くきっかけとなっていきます。

しかし、あせらずに関係を築いていきましょう。突然、グイグイ来られると、戸惑いませんか？まずは、仕事に関する自分の話をしましょう。積み重ねていくと、相手の表情が変わってきます。自分のプライベートの話までできるようになると、ぎこちなさは消えていきますし、相手も自分のことについて話してくれます。あくまでも、徐々にですよ。

成功談よりも失敗談　得意よりも苦手

自分の話をする際には、成功談よりも失敗談を、得意なことよりも苦手なことの話をできるように心がけましょう。「助けて！」のマインドです。

成功談や得意な話も「すごいな」「勉強になるな」と思ってもらえます。ところが、それは上下関係に繋がってしまう場合があります。一方、失敗談は、若い先生の場合、「あ、この先生にもそんなことがあったんだな」と安心感を与えます。ベテランの先生の場合、「あるある！」と共感的に話を聞いてもらえたり、笑い話になったりします。苦手を伝えることも、共感的に受け取ってもらえます。それだけでなく、自分の仕事を手伝ってくれます。「無責任な！」と思うかもしれません。しかし、そんなことはありません。私は、とても会計処理が苦手ですが、これまで学年の先生に何度も手伝ってもらいました。その度、「え？めっちゃ速い！」「なんで計算合うの!?」など、驚いてしまいます。すると、こちらは驚いているだけなのに、相手の先生は、喜んでくれるんですよね（笑）。あたたかい雰囲気になります。もちろん、「ありがとう」と伝えることも、忘れずに…。

03

早く学年団をチームにしたいのだけれど…

次年度は、初めて学年主任をする予定です。だからこそ、「学年団を早くチームにしていきたい」と思っています。そのためには、お互いを知ることが大切と考えているので、次年度の初日に、決起会を開催しようと思います。どう思われますか。

A

お気持ち、とてもわかります。でも、焦りは禁物です。出会った瞬間にプロポーズしても、なかなかうまくいかないはずです（笑）。焦らずに、よい機会を待ちましょう。または、学校全体で、同僚間のコミュニケーションを目的とした場をつくっていきましょう。

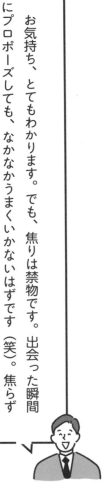

春休みのお昼休み、校外学習の下見はチャンス

第2章でも触れましたが、自分のことを知ってもらい、相手のことを知っていくことで、お互いの信頼関係ができていきます。決起会を止めはしませんが、いきなり飛ばし過ぎると少し引かれるかもしれませんよ（笑）。初日から決起会をせずとも、学年団の発表から始業式までに、チーム力を高める大きなチャンスが2つあります。そこを狙ってみてはどうでしょうか。

まず、春休み中のお昼休みです。給食ではないですから、学年団のメンバーで食事に行くことをおすすめします。学年団だけでなくともよいです。職場にムードメーカーがいるならば、ぜひ誘っていきましょう。重要なのは、学年団のメンバーがいることです。そこで、**午後からの仕事以外の話を聞き出していきましょう**。家族のこと、学生時代、趣味など、プライベートな話も多少なら大丈夫なはずです。相手に「私のこと、知ってくれようとしている」と感じてもらいましょう。

次に、遠足や社会見学の下見です。私は、ここが最も距離を縮められるタイミングだと

思っています。何も特別なことはしなくてよいです。お昼休みのご飯と同じで、下見の話以外もするようにすればよいのです。「あなたに興味があります。あなたのことを知りたいです」と、会話で示していきましょう。また、下見をしているので、写真を撮ったり、施設を体験したりするはずです。その際には、学年団で写真を撮りましょう。施設などで体験する際には、「チーム制にして対戦しよかー」ぐらいの感じで、みんなで楽しみましょう。そして、次の日からは、下見で知ったメンバーのこと、下見での思い出を話題にしていき、さらにお互いの理解を深めていきましょう。

コミュニケーションを目的とした場をつくる

時には、イベントのようなものも、どうでしょう？できれば、仕事のことを忘れられるものがいいですね。**仕事の付き合いではなく、その人の人柄が見えるから**です。例えば、

・〇〇チーム対抗ソフトボール　・ボードゲーム大会　・〇〇講座
・調理実習前試食会　・宿泊行事おみやげ争奪じゃんけん大会

などです。ちなみに、取り上げた例は、私が経験したことのあるものの中から、ジャンル

が違うものを紹介しました。新年度の4月初旬に行われることが多かったですね。初めての時は、「この忙しいのに…」と思いましたが、始まるとハイタッチするなどして、どれも燃え上がりましたよ（笑）。

昨今の風通しがよい学校では、同僚間のコミュニケーションを増やすことを目的とした研修が、校務として設定されている場合があります。チームビルディング研修というものです。それほど職場の人間関係は、重要なものとして考えられているのです。研修とまでいかなくとも、お互いを知れる場の設定をしてみてはどうでしょうか。例の中にある○○講座は、会議のない日に、「イデコについて教えてくれません？」「いいですよ」「せっかくやから、放送してみようか」から始まりました。きっかけって、こんなもんです。

こうした活動を通して、同僚性が高まってくると、多くの計画が円滑に進むようになります。その結果として、さらに同僚性が高まります。よいサイクルが回り始めます。

最後に、決起会は、「どこかで決起会しよー」と声をかけるだけでは開催できるかは微妙ですね（笑）。「○日に決起会しよー」としておくと、開催できると思いますよ！

04

LINE等での仕事に関する連絡について

LINEでのコミュニケーションについてです。休日でも、若手の先生から授業の進め方についての相談が絶えません。また、ベテランの先生からは、アドバイスや「こうすべきだった」という旨の連絡が多くて悩むことがあります。

A

仕事とプライベートを区別することの大切さを伝えましょう。しっかりと休むことが、仕事のパフォーマンスに繋がります。これらの前提をつくることが重要です。それでも連絡がある場合は、余程、伝えたいことだと捉えて、学校で話を聞きましょう。

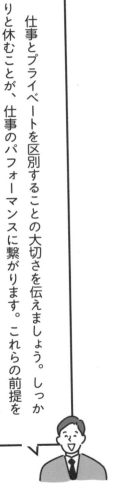

現在、非常に多い問題である

多くの学年団が、学年団グループＬＩＮＥをもっているのではないでしょうか。便利ですからね。

ＳＮＳを中心に、連絡手段が手軽になりました。いつでも連絡がとれることは、仕事とプライベートの境目が曖昧になったということでもあるのです。現代の働き方として、全員がメリット・デメリットを自負しておく必要があります。

さて、学年団で、このようなツールをどのように扱っていくかは、学年主任の考え方が大きく影響します。結論から言えば、「休日に、仕事モード全開のＬＩＮＥは、できるだけやめましょう」になります。そのために最も大切なことは、**自分が帰る前に、「気になっていることある？」と軽い感じで、声をかける習慣**です。相手に関わらず、です。「軽い感じで」がポイントです！もしくは、一緒に帰ることです。こういった何気ないことの積み重ねが、一番大切なのです。もしも、浮かない顔をしていたら、要注意です。

さらに、日頃から自身の働き方について話すこと、オンとオフの切り替えの大切さを伝えていくようにしましょう。ちょっとしたことですが、年度当初の何気ない会話の中に、「休日は、全員が仕事を忘れて、リフレッシュしましょうね」と挟んでおくとよいですね！こういった前提がある上でも、休日に連絡がある場合、皆さんは、どうしますか？

対若手では

若い先生は、経験の少なさからの不安をもっています。その不安な気持ちから、休日でも連絡をしてくる場合があります。その連絡を無視してしまうと、その先生は気持ちにゆとりのない休日を過ごしてしまうでしょう。「休みの日に、連絡するな！」では、主任への信頼も揺らぐかもしれません。その先生も、休日だとわかっていて連絡しているはずです。では、どのような対応をとるかです。2つの対応です。

①あなたの判断で緊急性がないと判断した連絡の場合↓冒頭に、返信不要と添えて返信
②あなたの判断で緊急性があると判断した場合↓電話をする

①のように、端的に済ませることが大切です。それでも連絡がある場合は、「明日で大丈夫だから、学校で詳しく教えて」と連絡し、朝一番に話を聞きましょう。②のように、

「これは…」という場合は、電話をします（もし、電話が繋がらない場合は、何度もかけ直すようなことはしません）。相手の様子をしっかりと把握します。話を聞いた後、こちらの思いや考えが間違って伝わらないように話します。そして、学校では、朝一番に「大丈夫」「早速、対応しよう」といった声掛けも忘れないようにしましょう。

対ベテランには

基本的に若手の先生と変わらないのですが、ベテランの先生の場合は、アドバイスパターンがあります（過去に相談された話では、お説教パターンもあるそうですね…。それは、その都度、すぐに管理職に報告しましょう）。

アドバイスですので、ありがたいお話です。でも、休みの日でなく、学校で聞きたいものです。返信は、「ありがとうございます。学校で詳しく教えてください」とあっさりにします。当然ですが、学校では、こちらから話を聞きに行きます。ただ、できれば学年会の時に話題を出したいですね。「あの時おっしゃっていた話ですけど、教えてください。みんなも聞いた方がいいと思って…」と周りを巻き込んで聞きましょう。

05 遅くまで残業をするメンバーに

学年団の中に、一生懸命に仕事をしているのですが、いつも遅くまで働いているA先生がいます。体調を崩さないかが心配です。また、他の先生たちから「仕事が遅い人」と思われないかも気になります。どのように声をかけるとよいでしょうか。

A

A先生には頑張りを認めつつも、早く帰るように伝えていきましょう。また、学年団も含め、他の先生には、A先生が、遅くまで残ってでも、何を頑張っているかを伝えていきましょう。その積み重ねで「仕事が遅い人」というイメージを変えていきましょう。

早く帰るようには伝える

学校や人によっては、若手やベテランの先生に関わらず、がむしゃらになっているがために、あるいは限界まで働くことが美学という感覚があるためになどで、いつも遅くまで働いていることがあります。質問に登場しているA先生もそうです。A先生が情熱をもって働いていることを否定するなんてできないはずです。その情熱や姿勢については、素晴らしいと伝えていきましょう。しかし、**教師という仕事は、本人の心と体が資本です**。このままでよいわけではありません。そこで、3つのことを伝えていきましょう。

第一に、いくら本人に熱意があっても、優先されるのは本人の健康だということです。「子どもは、疲れている先生よりも元気な先生でいてほしいはずだよ」というように、自分を大切にすることが子どもたちの幸せに繋がっていることを伝えていきましょう。

第二に、「働いた時間が多い人ほど、よい先生というわけではない。働いた時間は関係なく、子どもの成長に繋げた先生ほど、よい先生である」ということを伝えていきましょう。

第三に、前述のように、仕事はあくまでも人生の一部であることを伝えていきましょう(詳しくは、第2章をご覧ください)。

これらのことを伝えながら、「早く帰ろう」と伝えていきます。時には、全員が定時で帰るような日を設定するのもよいかと思います。

他のメンバーにはA先生の背景を話す

仕事のペースは、人それぞれです。業務量も違います。それにも関わらず、「あの人は仕事が遅い先生」「やりすぎな先生」というレッテルが貼られてしまうことがあります。これは、よくありません。ひょっとすると、毎日、A先生は、子ども全員のノートに丁寧なコメントを返しているのかもしれません。コメントを返すことがよいのか、悪いのかの話ではありません。**A先生の背景を考えていないのは、どうかな？ということです。**

そこで、A先生が何に時間をかけているかを、他の先生に伝えていくことも大事かと考えます。例えば、「たしかに、早く帰ることは大事だけど、A先生が、全員に丁寧なメッセージを返しているのは素敵だよね」という具合です。このような見方を他の先生に広めていくことで、他の先生も、あたたかい雰囲気でA先生を見守っていけるようになると思います。

自分も遅い場合

私自身がそうです。結構、遅くまで働いている方です…。そんな私が言うのもなんですが…できるだけ早く帰りましょう（笑）。これが一番です。私の経験では、学年主任が早く帰る学年団は、遅くまで残らないものです。

もしかすると、A先生は本人も気づかないうちに、学年主任であるあなたにペースを合わせてしまっているのかもしれません。「主任が残っているのに帰れない」というような気を遣われている場合もあります（これは、絶対ダメですよ）。

ハイ！すぐに「一緒に帰ろう」と言って、学校を出ましょう。難しい場合は、「先に帰って」と伝えましょう。私は、よく言っていますよ（笑）。すると、「え～、一緒に帰りましょうよ！」と言われてテンションが上がってしまう時もありますが、それでも「今日は先に帰ること！」と言うようにしています。

06 忙しさと人間関係

忙しすぎて周りを気にする余裕がありません。隣を見てみると、同じように学年のメンバーが忙しさに追われています。しかも、家庭の都合で休みもほしいのですが…。お互い忙しいところに、さらに負担をかけてしまうので、休みづらいです…。

A

働き方改革が話題になるほど、学校現場は忙しくなってきましたね。忙しさと人間関係は、回りまわって繋がっています。忙しさの中でもセルフコントロールを忘れずに！休みについてですが…休みはとりましょう！

自分が追われているのは？メンバーが追われている時は？

多忙感が募ってくると、人は周りにイライラします。私もこの状態になって、伝え方がきつくなるなどの失敗をしてしまいます。積み重なると、人間関係はしんどくなってきます。自分に合ったリフレッシュ方法で、セルフコントロールしていきましょう。リフレッシュ方法は様々な媒体で紹介されていると思うので、私は多忙感を感じている理由に着目してはどうかと提案します。**あなたが多忙感を感じている仕事は、やりたい仕事ですか？**私の場合は、授業を考えている時は、楽しいです。本当に夢中です（笑）。きっと負担に感じるかは仕事の内容によると思います。割り切って軽重をつけてみてはどうでしょうか？あなたがリラックスすることが、最大の働き方改革かもしれません。

メンバーが忙しさに追われている時は、「大変そうだなー。集中させてあげよう」は、ダメです。それはメンバーが忙しさに追われる前の心構えです。**学年のメンバーが忙しさに追われている時は、絶対に声をかけましょう**。周りから見ても、忙しそうなメンバーは、すでに多忙感が募ってきています。いろいろなパターンがありますよ。単純なものは「大丈夫？」ですよね。「この仕事は、私がするからいいよ」「やっておいたよ」ってのもいいですね。ちょっとカッコイイ（笑）。ひと言添えながら、そっと缶コーヒーを差し出すみたいなことをしてみたいものです。ただ、私にこんなクールさはないので、笑いを誘うことが多いです。「何しているんですか⁉」とツッコミ待ちでボケている感じです。ちょっとしたゲームをすることも多いですね。「はい、今からこのおかしゲットじゃんけんをします」みたいな感じです。仕事終わりに「ちょっとラーメン食べて帰ろうか」もいいですね。

大切なことは、「そんな一人で追い込むなよ」「あなたが頑張っているのは、わかっているから」というメッセージを伝えることです。追われている仕事の内容によっては手伝えることがない時もありますからね。それでも、「ああ、この学年でよかったな」と感じてもらえることが大切なのです。方法はなんでもよいです。あなたらしい方法を！

休みやすい環境づくりを

数年前まで、私自身も、年休を一度も使ったことがない全然休みをとらない人間でした。

年休を使わなくても、休日出勤の代休でいけてしまう…という働き方をしていました。その時に思っていたことが「学年の先生に迷惑がかかる」です。しかし、尊敬するベテランの先生と飲みに行った時、「それは佐野さん、**自分を重要な人間やと思いすぎや。誰にでも代わりはおるし、うちの学校はそんなにヤワじゃない**で。学校現場には、よさを履き違えた自己犠牲文化みたいなものがあるから。出張はいいのに、休みにくい、とか。やめなあかん。これからの人が変えていかなあかんねん。とか言って、私みたいにテキトーに働いたらあかんで」と冗談交じりに言われました。ハッとしましたね。

仕事は、あくまでも人生の一部です。学校の先生だって、休みが必要な時は休みましょう。…となると、休みやすい環境づくりが大切です。ポイントは、次の5つです。

①　日頃から休みたい時は休んでよいことを伝えておく。
②　本人が元気でいてほしいこと、休むことの価値を語っておく。
③　自分も必要な時は休む。
④　できるだけ事前に休む日を伝えるようにする。
⑤　休む時の体制は整えるようにする。

日々忙しいですが、自分たちでも働きやすい環境に変えられる部分があるはずです。

07 昨年、しんどかった先生と組んでいます

昨年度、学級が荒れてしまい、お休みをされていた先生と学年を組むことになりました。復帰されたのですが、不安を抱えているようです。学年主任として、どのような点を心がけていくとよいでしょうか。

A

「完璧な先生なんていない」という姿勢で、本人の気持ちを大切にしながら、寄り添っていきましょう。また、本人が無理のないペースで働けるように心掛けます。そして、あなただけではなく、周りの力にも頼っていきましょう。

本人は勇気ある一歩を踏み出している

「子どもとの関係がしんどい」よりもしんどいのは、「大人の関係がしんどい」です。

年度当初に、はっきりと「そんな学年団になりたくない」と伝えましょう。本人は、昨年度のしんどさから不安を感じているはずです。まずは、「復帰する」という勇気ある一歩目を後押ししましょう。

気張らなくてよい＋やはりあなたの失敗談

「うまくいかない。自分の学級なのだから、自分が何とかしなきゃ！」
「隣の学級に比べて、自分の学級は…。もっと指導しなきゃ！」
といったマインドの先生の学級が崩れることが増えてきています。いわゆる真面目な思いが張り詰めてしまって…というものです。本人の気持ちを緩める必要があります。

では、「そんな気張らなくていいよ」と伝えればいいかというと、そうではありません。

「それは、あなただから言えるんです」と受け取られます。失敗談を付け加えましょう。「自分も、何を言っても子どもたちに通じなくて、しんどい時があったわー。あの時は、とにかく低空飛行しようって決めたなー。無理のないペースでいこうって感じ」といった話です。誰にでも、失敗談はあるはずなのです。

するとと、「佐野先生にも、そんな時があったんだー」と、本人のちょっとした勇気に繋がります。ちなみに、私の場合は、失敗談に事欠きません（笑）。

頭を使わない仕事を一緒にする

不安を軽減する方法は、気楽に相談できる相手がいることです。しかし、相手が気を遣って相談できない場合があります。「迷惑をかけたくない」「時間を奪いたくない」というマインドからです。自分のことでいっぱいになっている時は、特に注意です。

そんな時は、頭を使わない仕事を一緒にしながら、話を聞きましょう。二人きりで無言になるなどは、よくないですね。緊張感があると、余計に話しにくいです。「今日、こんなことがあって、困ってんなー」という程度で、こちらから切り出せるといいですね。この際、心掛けることは、口調と表情はゆるく、頭の中は真剣に！です。

学校全体で支える

誰かを支えるって難しいです。学年主任になると「自分が学年のメンバーを支えなきゃ！」と思いがちですが、私は、そんなことできないと思います。**各教職員は、学校全体で支えるもの**です。複数の視点で、本人の様子を気にかけましょう。まずは、学年団のメンバーです。他にも、生活指導部長に、ふらっと休み時間の様子を見に来てもらいましょう。研究主任に、各学級の授業を見に来てもらいましょう。管理職にも…というように、学年の様子を知ってもらうのです。１つの学級を集中的にすると、プレッシャーになるかもしれませんので、「学年の様子」を見てもらうことがポイントです。

それ以外にも、年齢や経験年数が近い同僚の先生に、「時々声をかけてあげて」「愚痴を聞いてあげて」と伝えておくこともいいですね。今回のような件だけでなく、誰にとっても息抜きできる場所って、大切です。

08

若手の先生との関わり方の基本

若手の先生とコミュニケーションをうまくとるには、どうすればよいでしょうか?相手の先生は、よいところも、ダメな部分もあります。褒めるようにしようとは思いますが、褒めてばかりでいいのか…。しかし、注意すると自信をなくしてしまうかも…。

A

まず、若手の先生が話しやすい上、こちらとしても聞いておきたいことを話題にします。子どもの話です。次に、褒める、叱るについてです。私は必要以上に褒めなくてよいと考えます。また、相手のことを思うならば、叱る時は叱った方がよいかとも思います。

こちらからは子どもの話題を

若手の先生は、わからないことが多いので、「これって、どうするんですか?」と正直に聞いてもらえる関係性を築きたいですね。または、「こんなことをやってみたいんですけど、どう思いますか?」と前向きな姿勢を引き出していきたいですね。

そのためには、相手からの信頼が必要です。信頼に繋げるには、コミュニケーションの積み重ねですね。そこで、相手にしか話せない内容を具体的に引き出していきたいものです。ピッタリな話題は、子どもの話です。学年主任としても聞いておきたい話ですね。では、どのように聞いていくかです。「最近、どう?」では「大丈夫です」「やばいです」といった返答になります。「大丈夫です」の場合は、「そっか」で終わってしまい、広げにくいです。「やばいです」の場合は、「何がやばいの?」と、もうひとつ踏み込まないといけません。しかも、心配している雰囲気が出たり、相手が高圧的に感じたりするかもしれません。このような聞き方は、相手が若手の先生の場合は関係ができてからがよいですね。

関係ができるまでは、もっと具体的に聞くことをおすすめします。

「今日、一番笑ったことは何？」

「休み時間は、何をしている子どもが多い？」

「子どもにびっくりしたことってない？」

というように、1つの場面に焦点をあてて、子どもの話を引き出していきます。具体的な場面が出てくると、話題も広げやすいです。深掘りしていけば、学級の様子も見えてきます。さらに、自分の学級の話も混ぜながら共感していくことで、安心感をもってもらいたいですね。あ、くれぐれも自慢話はダメですよ！


仕事の話以外となれば、その先生しか話せないこと、つまりその先生自身のことを聞いてみるのもよいかと思います。

褒める・叱る

若手の先生を褒めるか叱るか、どのようにするのかは、多くの学年主任が悩んでいることだと思います。なぜなら、Instagram でも、相談があるからです。

はっきり言って、正解はないです。そこで、あくまでも私の場合を紹介します。

まずは、褒めるについてです。子どもが頑張ったエピソードを聞いたのなら「子どもら、すごいやん！」と、褒めます。しかし、若手の先生に対して「よくやった！」みたいなことは、滅多に言わないです。意識しているわけではありませんが、上下関係のような感じが強いかな、と思います。褒めるというよりも「子どもら、すごいやん！どうやってんの？」と聞いたり、事務作業で「もう終わってんの!?簡単なやり方、教えてー」と真似しようとしたり…というように、自分の引き出しにしようとするイメージです。もしくは、お酒の場で、「お互い、お疲れ様！」と労い合うことかなーと思います。

次に、叱るについてです。私の場合、思うことがあっても大抵のことを見過ごします。しかし、これは…と感じる時は、「それはあかんなー」と言います。例えば、子どもに対して不誠実な時、目的などを考えていない時（第2章参照）ですね。もしかすると、その場では、こちらの意図が伝わらないかもしれません。けれども、子どもかその先生自身にとってよくないと思うなら伝えます。いつかは気づいてくれると信じて、です。もし、ポイントがあるとすれば、ネチネチ言わないこと、怒鳴る必要もありません。

若手の先生を褒めるか、叱るかに正解はありませんが、人間関係が築けていないとできないことであるのは間違いないです。

09

若手に伝えていくことは

若手の先生たちと学年を組むことになりました。しかも、全員が〇年生は、初めてです。管理職からは「若手を育ててあげてね」と言われているのですが、何をどうすればよいかわかりません。どのようなことを伝えていけばよいですか?

A

それは大変ですね…。しかし、先生方が自立するチャンスでもあります。様々な経験を積ませたいですね。さらには、今後の教師像を意識させたいところです。私の場合、自分の特徴を考えること、書く大切さ、外の世界のことを伝えるように意識しています。

自分の特徴を意識させる

きっと多くの学年主任が、若手の先生に様々な経験をさせていきたいと考えるでしょう。しかし、やみくもに仕事を経験させるだけでは、誰かの真似ばかりとなり、ロボットをつくることと同じです。もちろん、真似が悪いわけではありません。私は、そこに一言、「あなたらしさを出してや」と付け加えます。自分の特徴を考えてほしいからです。**自身の教育観や自分の得手・不得手などを見つめ直していくことで、教師としてのオリジナリティが育まれていくのではないでしょうか。**

情報が溢れている社会となったため、インターネットなどから誰かのコピーをすれば、仕事はできると思います。けれども、そんな先生ばかりの学校は、おもしろくないと思います。また、若手の先生が、自分らしさを考えることは、「今後、自分がどのような先生になっていくか」を意識することに繋がると考えます。

だからこそ、私は、若手の先生に、できる仕事が増えていくだけではなく、「あなたらしい」「あなたにしかできない」できる仕事を増やしていってほしいと伝えます。

書くことの大切さ

授業がうまい、生活指導がうまい、子どもと関わることがうまいなど、多くの尊敬する先生に出会ってきました。年齢に関係なく、こういった先生方が共通して取り組まれていることがあります。自身の実践を書くことです。いくつか例を紹介します。

・子どもに返すもの（学級通信など）にして書く。・日記、ブログに書く。

・自身の実践記録として書く。・SNSで発信するために書く。

・勉強会などを開いて、実践について交流するために書く。

・論文などにまとめるために書く。・次の教材分析のために書く。

このように、書くといっても、目的は、それぞれで違います。書くためのツールも違います。では、なぜ全員が書いているのか？**それは、自身の実践をふりかえり、自身のレベルアップに繋げるため**です。たしかに、ふりかえりは、記録として書かなくともできますが、次に生かそうと思えば、より具体的に残っている方がよいです。「それは、負担やわー」という声が聞こえてきそうです…（笑）。そこで、私は、「メモから始める、この実践！という時だけ書く、というようにしてみたら？」と伝えています。

外の世界を伝える

若手の先生は、初任校の文化に染まっていることがあります。そのため、物事への見方や考え方が一面的になってしまっている場合があります。だからこそ、私は、外の世界を伝えることが必要だと考えます。ただ、**私が考える外の世界というのは、インターネットやSNSではありません。たしかにそれらのツールを使えば、情報は手に入れることができます。しかし、発信者の熱量や情報の背景を知ることは難しいです。**

やはり私はリアルの世界で経験した外の世界について伝えていきます。こんな学校があってね、こんな考え方もあってね、こんな実践者がいてね…という話に、こんな苦労や思いがあった、という部分に触れながら伝えていきます。もちろん、自身の経験もよいと思います。すると、若手の先生も、外の世界へ目が向くようになります。できれば、ご自身で外の世界に触れてほしいものです。本人が乗り気であれば、そのような場を設定してもよい刺激になるはずです。

10 モチベーションの違う二人の若手

モチベーションの違う二人の若手の先生と学年を組んでいます。管理職からは「二人を育ててほしい」と言われています。一人は「仕事は、そこそこでいいかな」と考え、もう一人は「たくさん学んで力をつけていきたい」という考えです。どうしたものか…。

A

モチベーションや働き方に対する考えは、人それぞれで違います。「もっとやる気を出して！」と伝えていっても効果は期待できません。それぞれの先生の考え方に応じて、言葉かけを変えていきましょう。

モチベーションを変えることはできない。でも…

教師という職業は、大変素晴らしい仕事です。だからといって、教師全員が仕事に対する情熱で溢れているわけではありません。また、家庭の事情等で、働きたくても時間的な制限があるなど、働き方も個々で違います。

さて、質問は、二人共同じように若手の先生ではあるけれども、モチベーションに差があるということですね。二人共を「やる気全開！」としたいところですが、それは、はっきり言って無理です。モチベーションは本人次第なので、こちらから変えることはできません。そこに期待すると、「やる気、出せよ！」と、こちらがしんどくなります。やる気スイッチは、本人しか押せません。しかし、**影響を与えることはできます**。周りの環境って、基準を変えますからね。**学年団の雰囲気で、メンバーの仕事に対する見方・考え方を刺激できます**。今回の二人の場合でも、「自分は、突っ走り過ぎかも？」「こんなこと始めてみようかな？」と思うかもしれません。

学年主任は、学年のメンバーの仕事に対する姿勢や働き方を見て、相手に応じた言葉かけをしていきます。今回は、研究授業に向けての様子を例に、モチベーションの低い先生をA先生、モチベーションの高い先生をB先生として、紹介します。

A先生には、丁寧に、1つずつ

A先生の場合のゴールを「研究授業を乗り越える」とします。研究授業という苦手なハードルを、補助するから一緒に跳ぼうというイメージです。例えば…

A先生「この場面が気になっていて、何かないかなーと悩んでいます」

主任「こういう具合にしてみたら、どう?子どもたちも興味あると思うで」

A先生「なるほど。その方法でやってみようと思います」

というように、できるだけ具体的にアドバイスをします。すると、ある程度、安定感のある授業案ができるはずです。実際の研究授業も大きくコケてしまうことはないと思います。

しかし、自分も含めた先輩の意見を取り入れすぎてしまい、A先生がつくりあげた授業とは言いづらいものになります。それでも、乗り越えた経験がA先生の自信に繋がります。

B先生には、自分で考えることを求める

B先生の場合のゴールを「B先生にしかできない研究授業をする」にします。B先生の場合は、B先生ご自身の成長を意識して相談にのります。研究授業を通して、B先生の地力を鍛えるというイメージです。例えば…

B先生「この場面が気になっていて、何かないかなーと悩んでいます」

主任　「目標から考えると、どうするとよさそう？」

B先生「そうですね。導入の部分の意見を想起させて…」

というように、具体的なアドバイスをしないように心掛けます。問いかけ続けて、B先生自身の頭の奥にあるものを引き出していきます。

「そんなの差別だ」と思われるかもしれません。しかし、**相手に応じて、無理のないゴールを設定し、言葉かけの内容を考えることが、本人のためでもある**と私は考えます。A先生に求めすぎて辛くさせない、B先生に物足りなさを感じさせないといった視点は、「研究授業を成功させる」という点に加えて、必要な視点ではないでしょうか？

11 ベテランとの関わり方の基本

自分と比べて年齢も経験年数も大きく違う先生と、どのようにコミュニケーションをとればよいかがわかりません。学年主任として、話を切り出そうとしても、「そんなこと言われなくても…」と思われていないか心配です。話題が見つからずに困っています。

A

学年主任ではありますが、あなたが後輩で、相手が先輩であることに変わりありません。若手の時、先輩にどのように接していたかを思い出してください。たくさん教わったのではないでしょうか。同様に、仕事や人生のことを先輩に教えてもらいましょう。

仕事の苦労話を聞く

ベテラン教師は、全員がすごい方々です。嬉しいこと以上に、しんどいこともあったと思います。ぜひ、苦労話を聞いてみてください。「こんな実践をしたことがあるよ～」と授業の参考になることもあるでしょう。「こんなことがあってね～」と、今となっては考えられないような自分が知らない世界を教えてくれることもあるでしょう。大変だっただけに、苦労話は、熱量をもって話してくれます。話しているベテランの先生も、自分を見せる（第4章　ジョハリの窓　参照）ことになります。さらに、自分も、聞いている他のメンバーも、「この先生、すごい！」というリスペクトが強まることでしょう。

人生経験やターニングポイントについて聞く

あなたが組んでいるベテランの先生は、もしかすると、あなたの将来的な進路の1つを歩んでいるかもしれません。そこで、雑談や打ち上げの時などに、次のような質問をしてみてはいかがでしょうか？人生経験を聞いておいて損なことはありません。間違いなく、自分のこれからについて、とても参考になるものです。思わず聞き入ってしまうかもしれませんよ。

■質問例

・管理職への道を考えたことはなかったんですか？
・転職を考えたことはありますか？
・教職に転職をしたのは、いつ、どうしてですか？
・働き方は、いつ、どのように変わってきましたか？
・仕事と子育ての両立で、最も大変な時期は、いつでしたか？
・家を買うなど、お金がかかる時期って、どういう時ですか？
・20代、30代、40代の時は、どのようなことを考えていましたか？
・行っておいた方がよい旅行スポット、やっておいた方がよいことってありますか？

当然、相手によって聞く内容は変わってきます。お金の話などは嫌いな方もいるかもしれませんので注意してください。ポイントは、現在のあなたが漠然と抱えている不安や将来像について、素直に聞いてみることです。ベテランの先生も、当時はいろいろと考えた上での行動をとっています。きっと当時の背景を踏まえながら、「〇〇はよかった！」「〇〇はやめておいた方がいいよ」という話をしてくれます。それは、あなただけでなく、学年団全員が気になる話になっていきますよ！

経験者に相談する

多くのベテランの先生は、学年主任を経験しています。第2章の「助けて」マインドセットを思い出してください。助けてもらいましょう！年度当初に、「たくさん教えてください」と言っておきましょう！

学年主任としての振る舞いに悩んだ場合は、相談してみることです。お互いが話しやすいように、深刻さを見せないことがポイントですね。「こんなことがあったんですが、A先生は、どうしていました？」という具合です。特に、若手教員への言葉かけに悩んでいる場合は、相談することをおすすめします。ベテランの先生が「こうしてみるといいよ」とアドバイスをくれたり、「じゃあ、私から伝えておくよ」とクッションになってくれたりします。こんな頼もしい存在を頼らない手はないですよ！

12

自分の意見に従わせたがる先生

ベテランの先生が「こうしたらいいよ」と、何でも自分のやり方を主張してこられます。すべての主張ではありませんが、「どうなのかな?」というものもあります。学年主任として否定すべき場面もあるのですが、相手の方が年齢も上ですので、難しいです。

A

ベテランの先生には、これまでの経験という素晴らしい財産があります。それを否定することは、難しいですね。そこで、経験に対しては、共感します。そして、否定するのではなく、代案を出します。

ベテランの先生は意見を押し付けてきているのか

たしかに、ベテランの先生の主張（ベテランに限りませんが）は、自分の都合がよいように押し付けてきている場合もあると思います。しかし、経験からの善意の場合もあります。この捉えは間違わないように気を付けましょう。どちらにせよ、このような主張は、何らかの成功体験がもとになっている可能性が高いです。そこで、**ベテランの先生が「こうしよう！」と言ってきた場合、「そうさせていただきます」とする前に、理由を聞きましょう。**「どうするのですか？」と方法を返す先生がよくいます。あるいは、「時代に合ってないいな…」と背景を聞かずに否定的な判断をする先生もいます。**それらは理由を聞いてからです。**その主張が、目的に合った理由であるかどうかは確認しておきましょう。

共感 ↓ 代案

ベテランの先生「Aしよう！だってね〜」

学年主任　（それは、どうかな…。ここは断ることも勇気だな！）

「それは、止めておきましょう」

ベテランの先生（何もわかってないな、この主任…）

このやり取りは、学年主任の感じが悪いですよね（笑）。信頼関係にヒビが入った瞬間です。信頼関係は、ヒビが入るのは一瞬なのですが、修復は大変です。**このようなことにならないためには、共感から代案の流れをつくること**です。

ベテランの先生「Aしよう！だってね～」

学年主任　（それは、どうかな…。ここは断ることも勇気だな！）

「Aもいいですね。そうするとBもいいのではないですか？なぜなら～」

ベテランの先生「たしかに、それなら～」

共感することで、否定している感じにはなりません。そして、代案を提示することで、検討を促すことができます。「どうかな？」と感じたけれども、代案が浮かばない場合でも、否定はしません。「Aをもっとパワーアップしたいですね」と検討を促していきましょう。

私（たち）は～で伝える、「それぞれでいきましょう」でも可

こちらが合わせてほしい場合は、「私は～」「私たちは～」を主語にして、思いを伝えましょう。Ｉメッセージ、Ｗｅメッセージですね。押し通すというよりもお願いするイメージにします。「しょうがないな～」と言われても気にする必要はありませんよ。「ありがとうございます」で終わりです。どうしても「あなたは～」を主語にしてしまうと、相手を否定するような言い回しになってしまいます。避けるべき表現です。

「それぞれで、いきましょう！」もありです。無理に合わせる必要がないならば、選択肢の1つです。若手の先生には、好きなようにするように伝えます。もし、若手の先生がどちらを参考にしたいかが決めきれない場合は、ベテランの先生に合わせるように伝えます。

13 マイペースな先生

ベテランの先生がマイペースです。放課後は、いつも一人で教室にこもって仕事をしています。私も情報の共有を心掛けていますが、時々、抜けてしまいます。周りに興味がないのか、周りを見れていないのか…。

A

「一人で仕事をする時もある」ではなく、「いつも一人」という状況は、つくりたくないですね。何か事情があるかもしれませんね。まずは、約束を取り付けて、あなたや学年団といる時間を増やしていきましょう。

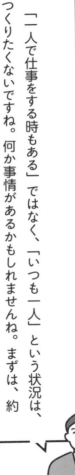

理由を確認する
→こちらのマインドが変わる

時折、教室にこもる先生に対して、「また教室にいる。困ったもんやわ。一体、何をしてるんやろう？」とこぼす方がいます。この愚痴は、自分が働きかけていないことを表しています。教室にこもることがよいというつもりはありませんが、表面上で判断していないかを見直してほしいと思います。理由がわからないから、無意識のうちに、「勝手な人…」「同じ学年は、一緒にいるべきなのに」といったマインドになっている場合があるからです。

質問のように、ベテランの先生が一人で教室にこもる理由は、何なのでしょうか。

A　他の人と関わりたくないから。　B　一人でないと、集中できないから。
C　仕事を終えて、早く帰りたいから。　D　子どものノートをじっくり見たいから。

理由の候補は、他にもあるでしょう。Dは、熱心な印象を受けますね。Aは冷たい感じがします。しかし、コミュニケーションに自信がないのかもしれません。BとCは、仕事の上での自分の時間、プライベートでの自分の時間を大切にしているということです。

このように、理由を知ると印象が変わりませんか？「～だから、教室にいる」と理解すると、「必要に応じて、集まればいいよね」というマインドに変わります。同時に、ベテランの先生の働き方に対して、心にゆとりが生まれてもきます。

約束する
↓いつも一人という状況にしない

一人で教室にこもること自体は、悪いことではありません。今回の場合は、学年での情報共有が疎かになっていることが問題なのです。もちろん、常日頃からコミュニケーションをとれるに越したことはありません。けれども、そのために、相手のペースを崩すことは得策ではありません。

そこで、約束をしましょう。自分のペースで進めている方は、約束があれば、その時間を計画の中に入れて仕事をします。注意点としては、具体的な約束をすることです。

×「今週、打ち合わせをしましょう」
○「木曜日の16時に、各部会での話について、私と職員室で打ち合わせをしましょう」

約束をする際には、いつ、どこで、誰と、何について話すかを伝えます。そうすることで、打ち合わせが流れることを防ぎましょう。また、集まったけれど、打ち合わせが進まないという状況をつくらないようにします。無駄に相手の時間を奪うことは、信頼関係を崩していきます。自分のペースを大切にしている方が相手ならば、なおさらです。

約束を取り付けていくことで、「あの先生は、いつも一人でいるなー」という状況を防ぐことができます。すると、周りからの「あの先生は、一人でやっていくタイプ」というレッテルを未然に防ぐことにもなります。

授業を見てもらう、見せてもらう

一人にしないためには、こちらから関わることが第一の手立てです。ベテランの先生が自分のペースで進めているということは、自分なりの実践であったり、経験を活かした実践を進めたりしている場合が多いです。そこで、「この単元がうまくいっていないので、授業を見せてもらってもいいですか？」「授業を見に来ていただいてもいいですか？」というように繋がっていくことも方法の1つです。放課後に、授業について話すこともできますし、自分の学びにもなり、若い学年主任にとっては、特に効果的な方法です。

14 管理職との関わり方の基本

学年主任になって、管理職の先生との関係を意識するようになりました。しかし、これまでは管理職の先生とは、必要な時のみの関わりでした。学年主任は、管理職の先生と、どのような関係を築いていけばよいのでしょうか。

A

管理職の先生は、頼るべき存在です。学年運営に戸惑った時やトラブル対応では、積極的に助けてもらいましょう。多くの管理職の先生は、一緒に考えてくださったり、私たちを守ってくださったりします。

対等とは言わないまでも

・学校全体を巻き込む取り組みをする時には、「管理職も職員会議で聞くから」
・何かトラブルがあった時には、「管理職の先生には、伝えるまでもないかな」

といった気持ちが出てきます。管理職を交えると、特別感や重大事件っぽさが出るからです。これはもったいないです。結論から言えば、管理職の先生とは積極的に関わりましょう。損得ではありませんが、管理職の先生と良好な関係が築けると楽になることはあります。自分も学年も働きやすくなりますし、手伝ってもらえます。後述しますが、管理職の先生にとってもメリットがたくさんあります。当然、礼儀や立場の認識は重要です。ただ、**対等とまでは言わないまでも、お互いの考えを交流できる関係は築いておきましょう。**

お互いが相談できるように

管理職の先生との関係構築には、とにかく、こちらから相談していくことが大切です。

相談の中で、あなたの考え方や不安なことを見せていくのです。管理職は、立場上、特定の方とは行きにくいかもしれませんが、一緒にご飯に行けるなら、それが一番です。お互い、自分を見せられます（第4章　ジョハリの窓　参照）。

あなたは、面談以外で、管理職に相談したことがありますか？特に、若い先生は少ないのではないでしょうか？例えば、

・学年団や職場の人間関係について　　・校務分掌における新しい提案について

・自分が取り組みたい実践について　　・家庭の事情、自身の将来について　　など。

特に、学年団や職場の人間関係について相談できることは、大きいです。人間関係での不安を一人で抱え込むのは、あまりにもしんどいので、実情を伝えられる存在は貴重です。また、管理職が「知らなかった」ということでは、人間関係がもつれる前・もつれた場合に、自分の身を守れません。もちろん、それ以外の相談でも、自分とは違う視点でのお話を聞けることが多いはずです。

管理職の先生も、学校の実情を把握することは、大切なことだと考えています。実際、素敵な管理職の先生は、校内の様子を見て回る、自分が授業を行う、先生方の話をよく聞くなど、学校の実情を把握しようと努力されています。時間的な都合を除けば、管理職の

先生にとっても、あなたの考えは知りたいはずなのです。

自分が管理職の先生と話すようになってくると、

「〇〇について、佐野さんは、どう思っている？」

と、管理職の先生も様々な件について、あなたの考えを聞いてくれます。信頼の証とも言えます。決して正解や結論を求められているわけではないので、正直な考えを伝えてください。管理職の先生にとっても、相談できるちょっとした存在は、心強いはずですよ。

万が一、不当な扱いを受けているなら

多くの管理職の先生は、素敵な方々です。しかし、時折、耳にするのが、特定の先生に対して、不当な扱いをする管理職の存在です。このような場合は、一人で戦っても苦しむだけです。職場の方々に助けを求めましょう。または、あなたに合った教職員組合に助けを求めてもよいと思います。「自分が我慢していればいい」なんてことはありませんよ。あなたを守ってくれる方が絶対にいます。頼りましょう！

15 管理職からのストップを減らしたい

何をするにしても、管理職の先生から「それは、どうかな?」とストップがかかります。そのため、スタートが遅れる、実践に口出しされて方向性が変わるといったことがあります。学年で、新しい実践にも挑戦したいのですが、きっとダメだろうな…。

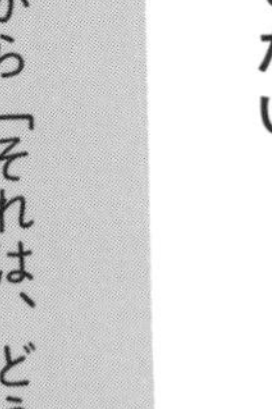

A

きっと管理職の先生は、失敗しないように、気を配っているのだと思います。しかし、少しおせっかいな感じがしますね。管理職の先生と前もってすり合わせておくと、あなたへの信頼感が高まると思いますよ。

大前提　自分が求められていることを把握しておく

管理職がストップをかけるのは、提案や実践に、何らかの不安要素があるからです。内容に関しての不安は質をあげるしかありませんが、「あなたが、やり遂げられる？」といった信頼の低さが不安である場合は、日頃の積み重ねで解消できます。特別なことをする必要はありません。自分の責任を果たしていけばよいのです。しかし、与えられた役割をこなすだけでは、少し弱いです。「こんな学校にしていきたいから、佐野さんには、ここを任せよう」と管理職の先生は考えています。**この期待に応えていくと、信頼度は大きく高まります**。なぜなら、同じ目標に向かう同志になるからです。

そのためには、管理職の先生に求められていることを自分が把握しておく必要があります。単純な話です。年度はじめに、直接、聞きに行きましょう。私の印象では、ほとんどの人があまりしないですよね。それは、要らぬ遠慮ですよ。

管理職の先生は、「こういう意図があって…」「こういう仕事をしてほしくて…」と話してくれます。「だから、頑張ってください」と応援メッセージをもらえます（笑）。何よりも、自分の姿勢が伝わります。その時点で、あなたへの信頼は高まっていますよ。

時折、「どうして自分がこの学年なんだ？」「どうして自分がこの校務分掌なんだ？」と話される先生が見受けられますが、それは、どうなのかなーと思います。信頼を下げる言動だと感じます。前年度に、自分は、管理職に意思を見せてきたのかを見直しましょう。

前もって＆見通しをもって

新しいことを始める時は、どのようなものであっても不安要素があります。管理職の先生がストップをかけるのは、邪魔をしたいわけではありません。新しい提案や実践が成功するかが不透明だからです。そこで、前もって、管理職の先生に相談しましょう。提案であれば、学年や部会で案を検討している段階です。実践であれば、計画段階です。このタイミングで相談しておけば、管理職の先生からアドバイスをもらえたり、懸念事項を教えてくれたりする場合があります。それらを踏まえ、ブラッシュアップしたものであれば、後から覆されることは少なくなります。

また、内容によっては、数年先を見越しての話をすることも重要です。例えば、今年度の4年生の校外学習先を変えようとした場合、「去年は、Aに行っていましたが、今年はBに行きたいです」では、「来年、Aに戻すなんてことにならない？」と聞かれます。しかし、「今年はBに行くことが望ましいと思います」という具合です。実は、今年度だけでなく、来年度以降も考える視点です。最も管理職に求められる視点です。指導要領に防災の内容が入ってきたこともあり、来年度以降の学校のことを考える姿勢は、最も管理職に求められる視点です。

前もって&見通しをもっての姿勢は、管理職の先生から好感をもたれやすく、あなたに頼もしさを感じさせるのです。

かまってちゃんはNG 飄々《ひょうひょう》と過ごす

「私、こんなに大変なんです」「私、こんなにたくさんの仕事を抱えているんです」といった**かまってちゃんの雰囲気は出さないようにしたいものです**。管理職の先生に「仕事を任せすぎたかな？」と見られるよりも、「冗談などをとばしながら飄々と過ごし、「あんな感じだけど、頼りになるんだよねー（笑）」とあたたかく見られることを意識しましょう。

たしかに、学年主任って本当に大変ですよね。でも、それでも…この姿を心がけましょう。

16
管理職とともに保護者対応をする

私は保護者対応が苦手です。保護者の要望やクレームに、どう対処すればよいかがわかりません。学年主任ともなれば、他の学級のことでも管理職と連携して保護者対応をすることがあると思います。メンバーを助けたいですが、自信がありません…。

A

保護者に諸連絡以外で電話等の必要性がある場合は、管理職に報告しましょう。学年、管理職との情報共有を欠かさないことを徹底しましょう。また、対応の方針は、管理職も検討したものにしましょう。

報告のライン

1年の内に、何度かは管理職に報告する案件が出てきます。もちろん、報告しなくてよい案件もあります。この報告のラインを間違わないようにしましょう。何でも管理職に報告すればよいというものではありません。しかし、報告していなかったは、大きな事態に繋がりかねません。すなわち、悩む場合は、管理職に報告することが前提です。

その上で、どのようなものを管理職に報告するかです。2段階あります。

① 各担任から学年主任に報告するかどうか

私の場合は、「連絡帳や電話等で要望やクレームがあった場合には、学年主任に伝えてほしい」としています。また、こちらから保護者に連絡する場合でも、「事案に相手がいる場合（子ども同士の喧嘩、担任と子どもの関係についてなど）は、教えてほしい」と伝えます。一人で悩まないように、事態を一面的に見ないように、あせって進めないようにすることが、担任を守る、保護者からの信頼を守ることに繋がります。

② 管理職に報告するかどうか

私の場合は、電話や家庭訪問での対応が必要な時には、管理職に報告します。事態によっては、授業よりも、その場で管理職に伝えることを優先します。私が自分の学級と対象の学級の2クラスを見る、あるいは、事案が発生した担任と私で報告に行き、他の学年の先生に学年を任せる時もあります。スピードが子どもを守る場合があるからです。

さらに、迅速な情報の共有は、対象の先生の不安を和らげるだけでなく、「さて、どうするか…。でも、この学年団なら大丈夫」と管理職も頼もしく感じます。

放課後は、学年団＋管理職で情報共有

このような事案の場合の放課後は、学年団で作戦を考えて保護者の対応をする場合が多いかと思います。できれば、その場に管理職も入ってもらいましょう。なぜなら、情報のズレや伝え忘れを防ぐためです。しかし、もう1つ理由があります。管理職にチームのアドバイザーとして入ってもらうためです。上下関係がなくなるわけではありませんが、管理職に報告する→指示を仰ぐという構図よりも、お互いが近い存在に感じられるようにな

ります。「どうしようか…」と一緒に考えることが重要なのです。

「管理職　対　学年団」は、双方にマイナス

よく耳にする話を書きます。あるある話というものですね。

管理職の先生が、学年のトラブル対応のフォローをした場合に、おっしゃることです。「なんで、こんなことになるかなー。そもそも、こんなことになるまでに報告しといてほしかった。ここまで、学年として、どうやって動いていたんだろう…」

同じ事案で、学年団の先生側が、おっしゃることです。

「もっと守ってほしかったのに。自分たちの指導力が足りないみたいな話だった…」

このような状態になってしまっては、信頼関係を築き直すことは至難の業です。もし、大きなトラブル事案が起こった場合には…恐ろしいですね。

何かトラブルがあった場合でも、管理職の先生を交えて、学校としての方針を共有することができれば、落ち着いた対応ができるはずです。管理職の先生も、その方が安心です。

苦しくなった責任を押し付け合ってしまうと、お互いマイナスにしかなりません。

17 保護者との繋がり方の基本

保護者対応に苦手意識を感じています。しかし、学年主任ともなれば、自分の学級だけでなく、他の学級の保護者とも関わっていかなければならないと思います。学年の保護者とうまくやっていくには、どうすればよいでしょうか。

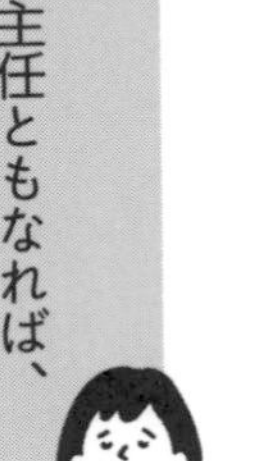

A

保護者の方と関係を築くことは、とても大切です。教師全員がその大切さをわかっているはずですが、なかなか行動で示せないところがあります。私は、保護者は子どものことについて一緒に考える存在と捉え、こちらから「関係をつくろう」と発信していくことがポイントだと考えています。

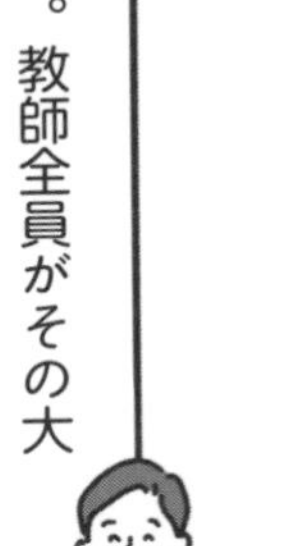

大前提①　子どもからの話

保護者の学校に関する情報源は、子どもです。すなわち、子どもとの関係が崩れていくと、保護者との関係も崩れていくと考えましょう。だからといって、子どもに媚びを売る必要はありません。子どもの成長をともに喜び、誠実に指導していれば、信頼関係はできてきます。子どもに好かれようとするよりも、誠実に接し、嫌われないことが大切です。そして、それは、保護者との信頼関係にも繋がっていきます。

大前提②　多くの保護者は学校に協力的

保護者に対するマインドがどのようなものかで、初動が変わってきます。大きく分けると、保護者をやっかいな存在と捉えているか、子どものことをともに考える存在と捉えているかです。例えば、保護者が来校された場合に、心の中で「え…何？」と思うか、サッと「おはようございます」と挨拶できるかというくらい違ってきます。そもそも保護者は、学校の敵になりたいと思っていません。保護者の多くは、「できることなら学校に協力したい」と考えています。

ちょっとした好印象を積み重ねる

直接、保護者と関われる場面は少ないです。そのため、保護者が用事のために来校された場合や電話をかけてこられた場合には、3つのことを行います。あいさつをする、用件に対応する、ちょっとした子どもの様子を具体的に伝えることです。特別なことをする必要はなく、ちょっとした好印象を積み重ねていきましょう。

学習参観で安心感を学級懇談会の後を大切に

学習参観は子どもだけでなく、保護者も意識して授業内容を計画してみることをおすすめします。保護者が気にしている部分は3つです。自身の子どもの様子、担任の先生、周りの友達です。これらを踏まえて、計画してみましょう。例えば、年度はじめは、子どもが活躍しやすく、落ち着いた授業を行い「あ、この先生なら大丈夫だな。子どももも頑張っている」と保護者に安心感を与えるようにします。次の参観では、グループ活動などを取り入れた友達との関わりが見えるような授業、年度末には、子どもの1年間の成長が感じられるような発表形式の授業というようにします。学習参観は、保護者から信頼を得るチャンスです。例のような年間を見通した計画をしておくと、授業づくりも楽になります。

学級懇談会のポイントは、2つです。1つ目は、子どもの様子を具体的に伝えることです。参加されている保護者の子どもの名前を出しながら、日頃の様子を伝えるといいですね。2つ目は、少し早めに懇談会を閉じることです。すると、他愛のない話を保護者とできます。できるだけ多くの保護者と話すことで、自身の人柄を伝えていきましょう。余裕があれば、廊下に出て他の学級の保護者とも話せるようにしたいものです。2つ目についでは、学年懇談会をする場合にも当てはまります。学年懇談会は、学年の様子、事務連絡くらいで、短く終わりましょう。その分、学年の先生が保護者と気軽に話せる時間を多くとりましょう。

18 関わり方が難しい保護者との繋がり方

A先生の学級に、ややこしい保護者がいます。毎日、学校へ来ますし、気になることがあった場合には、すかさず担任に詰め寄っていきます。電話をかけてきた場合には、すごい勢いでまくし立ててきます。どのようにサポートしていけばよいですか。

A

保護者とA先生との関係によって立ち位置が変わりますが、自分がクッションになるようにしましょう。そのために、日頃からできるだけその保護者とコミュニケーションをとりましょう。とにかくA先生一人で対応し続けることがないようにしましょう。

やっぱり日頃の積み重ね

きれいごとを抜きに書くとするならば、先生方にとって「ちょっと…」という保護者がいます。だからと言って、その保護者の子どもに遠慮する必要はありません。成長を喜び、誠実に指導していきましょう。また、避けたくなるかもしれませんが、それでもグッと距離を縮めていくことが、お互いがハッピーに過ごす方法です。質問の保護者のように、毎日、隣の学級に来ているのであれば、毎日、あいさつをしましょう。時間が許すのであれば、何気ない会話もしていきます。そうすることで、「A先生以外にも話せる相手がいる」と感じてもらい、保護者とA先生を支えていきます。

A先生と保護者の様子を見て動く

日常的に学校へ来ているのですから、お互いの表情などから様子がわかるようになります。A先生とよい雰囲気なら放っておけばよいです。何かを感じるようでしたら、「おはようございます。どうされました？」と入っていき、「佐野先生、聞いて！Ａ先生がね～」と保護者が伝える相手を自分に変えさせます。自分に話させながら、Ａ先生と二人で話を聞きます。その際、こちらに落ち度があれば、きちんと謝罪します。ただし、くれぐれも「Ａ先生は力がないですから」「主任に任せてください」というニュアンスでは返さないようにしましょう。「申し訳ございません。以後、気を付けていきます」です。

その場で判断できない場合やこちらに落ち度がなさそうな場合は、できるだけ話を聞いた後に、「ちょっと時間なので、放課後にＡ先生の方から電話させてもらいますね」と伝えて、その場を済ませましょう。こちらの考えをぶつけるなどして、その場で火に油を注ぐ必要はありません。また、これは経験から思うことですが、しっかり話を聞くと、保護者はスッキリされ、「今、伝えたから任せます」となる場合も、結構あります。

電話対応では

Ａ先生が不安な場合やこちらに落ち度があった場合は、簡単な作戦を練ってから電話をしましょう。そして、電話をしている間も、可能な限りＡ先生のそばにいて、付箋などで

Ａ先生にアドバイスをします。また、「いつでも代わるから」とＡ先生に伝えておくことも大切ですね。人が代われば、保護者のトーンも変わりやすいです。最後には、用件とは関係のない何気ない話や子どもの具体的なワンシーンを話して終わりたいものです。自分が一緒に入れない場合は、学年団の先生や管理職に同席してもらえるようにして、次の日に結果を教えてもらうようにします。

管理職への報告を忘れずに

管理職には報告しておくに越したことはありません。対応する前に「〇〇の件で、保護者と話をします」と伝えておき、対応後も、「このようになりました」と伝えます。その際には、Ａ先生や自分の主観が入らないように、はじめは事実だけを伝えます。管理職が客観視できるようにするためです。

管理職に「伝えておいた」「伝えなかった」とでは、保護者の印象は変わってきます。また、管理職が「知らなかった」では、管理職との関係も変わってきます。話したがらない方もおられますが、自分たちの頑張りを伝えるつもりで、きちんと報告しましょう。

19 保護者を巻き込む

保護者に学校や学年の子どもたちへの関心を高めてもらいたいと感じています。保護者との関係が悪いわけではありません。しかし、交流する機会の少なさや学習参観、懇談会の出席率の低さなどが気になっています。

A

保護者の応援って、様々な面で影響がありますよね。教育活動の可能性を広げたり、子どもを家庭からも支えてくれたりします。そのためには、こちらから発信して、保護者を巻き込んでいく必要があります。

授業に保護者を巻き込む

保護者の中には、「学校に協力したい」と思っておられる方もいます。その人たちを日頃から巻き込むには、やはり授業です。低学年は、生活科などで保護者を巻き込むことも多いと思います。どの学年でも、あの感覚を大切にしたいものです。例えば、国語の学習のゴールを「発表しよう」ではなく「保護者に発表しよう」と設定するだけでも違います。

そのほかにも、

- **学校の周りをガイドしてもらおう（3年）**
- **防災バッグを一緒につくろう（4年）**
- **玉止め・玉結びレッスン（5年）**
- **調理実習のお客さんに来てもらおう（6年）**

などのように、アイデア次第でイベント感があるものもできます。もちろん、保護者は、いろいろな職業に就いておられますから、ゲストティーチャーとして来校していただいてもよいでしょう。来校していただかなくとも、保護者のアンケートを授業に取り入れるといったアイデアもあります。

保護者を巻き込んでいくには、「段取りが面倒」というマインドではなく、「先生が増える。助けてもらえる」といった柔軟なマインドが教師側に必要ですね。

発信はたくさんする　発信の仕方は工夫して

では、どのような頻度で、どのように発信するかです。私のおすすめは次の通りです。

・学級通信、学年通信　・学年だより　・学校用メール　・学校ＨＰ　・電話

学校によっては、オンライン端末を使っての連絡方法があるかもしれません。ぜひ、活用してください。また、子どもには内緒で、保護者に協力してもらいたい場合には、糊付けした封筒に詳細を書いた手紙がかなり有効です。メールでもできるのですが、このあたりはアナログの方が保護者の心に届きますね。工夫次第です。

はじめは、たくさん発信しましょう。回数を重ねていくうちに、「また何かやるの？おもしろそう」と協力してくださる方が増えていきますよ。

一度、保護者と良好な関係を築くことができると、自分の担当学年が変わってからでも協力していただける場合があります。また、違う学年の先生から「佐野先生、以前に来ていただいていた保護者と繋がれないかな？」と他の学年の先生を助けることもできる場合

があります。1回きりの繋がりではなく、長いお付き合いを!

こちらも巻き込まれていく

こちらからお願いするだけでなく、保護者からのお願いやＰＴＡ行事などで、協力できるところは、こちらも協力していきましょう（「休日に行われるＰＴＡ行事に必ず参加しましょう」ということではないですよ）。

例えば、保護者やＰＴＡから「先生、こんなことをして子どもたちにサプライズをしたいんですけど…」という場面があります。ビデオメッセージであったり、奇抜な衣装を着ての盛り上げ役であったり、という感じです。ここは、照れをおさえて、ぜひとも協力していきましょう（笑）。そのあとの関係性が、大きく変わってきますよ!

私は、感謝したい言葉をくださった保護者や卒業後も繋がりのある保護者の方がいます。とても大きな財産だと思っています。教師と保護者は向かい合っての関係ではなく、一緒の方向を向いて進んでいく関係でありたいですね。

20 その他の教職員との関わり方

ここまで学年団のメンバーや管理職、保護者との関わり方について述べてこられました。それでは、その他の教職員の方々との関わり方で心掛けることやおすすめの行動はありますか。

A

学年主任は学年をチームにして、目的が達成できるように運営することが求められます。しかし、学校全体を運営していくメンバーの一人であることを忘れてはいけません。学年団以外の方々とは、日頃の感謝を忘れずに、必要な情報共有を行っていきましょう。

情報共有で特に大切な方々は…

もちろん学年団と管理職以外の教職員の方々への感謝を忘れず、良好な関係を築いていくことが大前提です。その中で、もし優先順位をつけるとするならば、学年に関わる専科の先生、特別支援担当の先生、養護教諭との関係は欠かせません。

専科の先生とは、授業だけでなく、子どもの様子について交流するようにします。「こんなことがあったので、いつもと様子が違う場合は教えてください」「気になることがあれば教えてください」というような具合です。また、先生によっては、「子どもと関係ができてくるまでは、T2のような形をとれないでしょうか」とおっしゃられる方がおられます。当然、「ぜひ、お願いします」と返答します。年度はじめに、このようなお願いがお互いにできる関係づくりを心掛けていくと、その後もちょっとしたお願いがしやすくなります。そして、**担任である自分には見せない子どもの姿を知ることができるようになります。**

特別支援の先生とは、学年の各担任が支援の先生と密なコミュニケーションをとれるようにしていきます。私の場合は、学年のメンバーに「最近、Aさん、どうなん？支援の先生は、何て言ってるん？」と聞きます。もしくは、学年に関わる支援の先生に「最近、Aさん、どうですか？」と聞くこともあります。さらに、おすすめは、空き時間に、支援の教室に行くことです。私は、結構しますよ！本当におすすめです。自分の学級の支援を必要とする子どもの様子や、支援学級の様子がわかります。そして、特別支援の先生方の日常が見えます。本当に、大変です。**大切なことは、子どもについての情報共有を欠かさないように心掛けながら、担任とは違った特別支援の先生方の頑張りを知ること**です。

養護教諭は、子どもがしんどい面を吐き出しやすい相手であることが多いです。そのため、担任や学年団が把握できていない子どもの様子を知っている場合があります。そこで、養護教諭には、挨拶にプラスして、次の一言を付け加えましょう。

「最近、よく保健室に来る子どもいますか？」

この言葉を日頃から投げかけておくことで、養護教諭から気になる情報を教えていただけます。初動が変わるので、養護教諭との関係は、特に大切にしてください。また、違う視点として、養護教諭は、学校に一人の場合が多いです。仕事の量が多い上、その大変さをわかち合える相手ができにくい立場にあります。その視点をもって「めっちゃ大変やん！本当に、すごいな！」と声をかけることも大切だと私は思います。

子どもを通して関わる

その他にも、子どもを通して、教職員と関わっていく方法を紹介します。

栄養教諭や給食調理員さんに、教室に来てもらい、食育の授業、給食に関するお話をしていただきます。学級に、おかずを先に食べ終えてしまい、いつもご飯が残ってしまう子どもがいたとき、栄養教諭から口内調味の話を聞き、「なんか食べ方がわかった」と喜んでいたことが忘れられません。

事務員さんに授業で登場してもらい、学校の設備や取り組みにかかっているお金について話してもらいます。子どもは、お金の話が大好きです。興味津々で話を聞きますよ。

管理作業員さんの清掃作業を手伝ったことがあります。子どもは、汗だくで「なかなか切れへん。時間かかるなー」と言いながら、枝をのこぎりで切っていました。

第一の目的は、子どもの学びです。ただ、**このような場を設定することで、各教職員の方々と一気に距離が近くなります。**さらには、これらの活動を機に、学級の子どもの名前を覚えていただけることが大きいです。子どもについて、立ち話ができるようになりますよ。

おわりに

最後まで、お読みいただきありがとうございます。本書は、これまでに出版されてきた「学年主任の仕事術！」という類のものとは少し違い、人間関係に焦点を当てながら、学年主任の働き方について書いたものとなります。人間関係術ともなれば、どのような人間がいるのか、という点が非常に大きなポイントです。しかし、それは現場によって違います。さらに、本書を読まれているご本人が、どのようなキャラクターであるかも、大きく関わってきます。当然、それも、個々で違います（だから、個性が大切なのですが）。そのため、本書が皆様の現状や期待にピッタリと当てはまるものにはならないと思います。むしろ、ピッタリだとおかしいとすら感じます。それでも、「このあたりは、自分も生かせそうだな」と、本書が、皆様の不安や悩みを解決するヒントになれば幸いです。

さて、本書は、これまでの私の経験をベースに、実際に私が心掛けていることや取り組んでいることを中心に書いてきました。しかし、その中には、私が尊敬する先輩方から教わったもの、背中を見て学んだものが数多く含まれています。つまり、私一人で本書をまとめることができたわけではないと考えています。きっとそれぞれのマインドセットや仕組み、コミュニケーション術には、私が想定する以上の成果や背景があると思います。

本書の冒頭で、「学年主任という立場に、何かしらの不安や悩みを抱えておられる方かもしれません。」と書きました。実は、初めて学年主任になった時に、私が感じていたことでもあります。いや…現在も感じることです。しかし、学年末になると、毎年のように思うことがあります。

「なんやかんやあったけど…学年団に恵まれたな～」

もう本当に、自分の中では、3月末の恒例行事のように感じています。ちなみに、「迷惑かけたな～、すみません」とも感じています（笑）。「なんやかんや」とあるように、すべてがうまくいくなんてありません。なんやかんや、毎年のようにあるんですよ（笑）。

お察しの通り、私も、本書に書いてきたことをいつでも完璧にできているわけではありません。「頭でわかっていても、なかなかできない」という感じで、学年団に助けてもらわないと、私はやっていけないのです。必然的に、学年団に恵まれているとも言えるのかな？「放っておくと、たいへんなことになる！」とも思われているかも…（笑）。

皆様も、「本書の内容をすべてクリアしなくては！」なんてことはないですから、気張らずにやってみてください。きっと学年団が助けてくれますよ。

本書を執筆するにあたって、明治図書出版株式会社および編集担当の新井皓士さんには、多くのご助言をいただきました。心よりお礼申し上げます。また、これまでの学年団を中心に、お世話になってきました先生方には、本書のヒントとなるお話をいただいたり、当時の行動から学ばせていただいたりとしてきました。勉強会やInstagramで繋がっている先生方には、本書についての相談をしたり、アイデアを引き出していただいたりしております。ちなみに、第4章の質問は、それらの場で、実際に質問されたものも取り入れています。

最後に、「今度は人間関係の本やねんけど、書けるかなー？」と伝えた際、「今までの先生と何回も飲みに行ってんねんから、書けるやろ（笑）」と茶化しながら受け入れてくれる妻、いつも可愛い表情で元気をくれる娘にも感謝の気持ちでいっぱいです。

本書は、ここまでです。皆様が、本書のページを増やしていくかのように、人間関係術を身に付けながら、今後も素晴らしい学年団をつくっていくことを願っております。

２０２３年12月

佐野　陽平

【参考文献一覧】

・アラン&バーバラ・ピーズ著『他人とうまくやっていく　対人関係28のルール』サンマーク出版（2020）
・キャロル・S・ドゥエック著『マインドセット「やればできる！」の研究』草思社（2016）
・グレッグ・マキューン著『エッセンシャル思考　最少の時間で成果を最大にする』かんき出版（2014）
・岸見一郎、古賀史健著『嫌われる勇気　自己啓発の源流「アドラー」の教え』ダイヤモンド社（2013）
・飯村友和著『学年主任の仕事術　学級経営も学年運営も上手にこなすコツ』明治図書（2020）
・スティーヴン・レヴィット、スティーヴン・ダブナー著『0ベース思考　どんな難問もシンプルに解決できる』ダイヤモンド社（2015）

【著者紹介】

佐野　陽平（さの　ようへい）

1987年　大阪府大阪市生まれ。大阪市公立小学校教諭。

2010年4月より大阪市公立小学校勤務５年、大阪教育大学附属池田小学校勤務５年を経て現職。2019年～現在教育サークルプットスルカイ代表、2021年～現在子どもとつくる社会科研究会在籍、2022年～現在関西社会科授業実践研究会副会長。2018年～現在依頼を受けた大阪府、大阪市の公立小学校で、社会科授業づくりに関する実践をもとにした教員研修を行っている。著書に『気づき・問い・対話を引き出す　小学校社会「見える化」授業術』（明治図書）がある。

Instagramのアカウントにて、板書を主とした小学校社会科の授業実践を発信中。@yohei_sanotti

学年主任の人間関係術
全員が輝く学年団のつくり方

2024年３月初版第１刷刊　©著　者　佐　野　陽　平
発行者　藤　原　光　政
発行所　明治図書出版株式会社
http://www.meijitosho.co.jp
（企画）新井皓士（校正）山根多恵・井村佳歩
〒114-0023　東京都北区滝野川7-46-1
振替00160-5-151318　電話03（5907）6701
ご注文窓口　電話03（5907）6668

＊検印省略　組版所　株式会社アイデスク

Printed in Japan　ISBN978-4-18-256624-0